たすFIX

「脱・受け売り」のトレード戦略

ウエストビレッジインベストメント株式会社
島崎トーソン【著】 西村貴郁【監修】

Pan Rolling

はじめに

　第1作目『iCustom（アイカスタム）で変幻自在のメタトレーダー』は、プログラムの知識がなくても、テクニカル指標などのインディケータを最速でEA（自動売買システム）に変身させる方法をご紹介した本です。
　とにかく、読者の皆様に「EAが作成できるんだ」と実感していただくことを目標にしました。
　EA作成の初心者だった私が押さえるべきポイントをお伝えして、そのうえで、ご自身なりの検証ができる可能性を皆様に知ってほしかったのです。その甲斐あって、

「本当にEAができたよ」
「検証できたよ」

というお言葉をたくさん頂戴しました。同時に、

「具体的なアイデアを紹介してほしい」

というリクエストもいただきました。出版記念セミナーでも同様のご希望がありました。
　そこで、第2作目である本書では、「最速でEAを作成できる」というコンセプトはそのままに、「こんなアイデアもEA化できて、実際にさまざまな検証も自分でできるんだ」ということをお伝えしたいと思います。
　つまり、本書の目指すところは、「EAを最速で作成」＋「アイデアの提示」→「検証の幅を広げること」です。

本書は、前作をお読みいただかなくても理解できるよう完結しております。本書のメインはあくまでアイデアの足し算。第1作目と重複するプログラムの解説は簡潔に紹介しております。もしプログラムの詳しい解説にご興味がある場合は、第1作目をご参照ください。

　"この本を読めば本当にできる"がテーマです。

　アイデアの足し算を皆様のトレードの発展につなげていただければ幸いです。

島崎トーソン

本書の構成について

■事前準備編＆気づき編

　本書でご利用いただく定型文などをダウンロードする作業や、ダウンロードした定型文のどこに条件文をコピペするのかを確認します。コピペができた後は、「コンパイルを忘れずに」などの一連の作業をご紹介し、EAを最速で作成する話を展開しています。

■トレードアイデア編

　自力でEAを作成できた人に立ちはだかる壁。それは、「そのままでは使いにくいシステムである」という事実です。
　それがまぎれもない真実だとしたら、「使いやすいシステムにするには一体何をすればよいのか」。その疑問に応えたのがこの「トレードアイデア編」です。
　ここでは、トレードに役立つアイデアを9つ紹介。それらを、自分で作ったEAに**「足す」**ことで、新たな可能性を探るという内容になっています。いろいろな仮説を立て、いますぐ検証にチャレンジしたくなるようなものを集めました。
　読者の皆様のパソコンで**「実際に検証ができる」**をテーマに、できるだけシンプルな検証アイデアの話を1から9まで展開していきます。

アイデア1　「買いのみ」「売りのみ」で分析してみよう
アイデア2　マルチタイムフレームに挑戦してみよう
アイデア3　チャートパターンを使ってみよう
アイデア4　利益確定・ロスカットを入れてみよう

アイデア5　他通貨でも試してみよう
アイデア6　時間でエグジットしてみよう
アイデア7　他通貨を見てみよう
アイデア8　ブレイクアウト戦略をしてみよう
アイデア9　買いと売りでパラメーターを変えてみよう

　登場するテクニカルはMACD、RSI、平均足、アクセラレーター、ボリンジャーバンド、移動平均線です。
　各アイデアの考え方は目で見てご理解いただけるように、図を使って解説していますので、単にアイデアを知るだけではなく、どのような発想からアイデアを思いついたのかが分かるようになっています。アイデアはそのまま使ってもよし、組み合わせてもよし、自分好みに調理してもよし、どうぞご自由にお使いください。
　各アイデアには検証プログラムとその解説をつけています。

■特別付録編
　ここでは、3つの付録について解説しています。

その①：ヒストリカルデータの入手方法
　　　　およびメタトレーダーへの取り込み方法
　信頼に足る良いシステムを作るには長期間のバックテストが必要不可欠です。しかし、メタトレーダーに内蔵されているヒストリカルデータはわずかの期間でしかないため、バックテスト可能な期間も当然ながらごく短期間になってしまいます。
　より良い検証をするための事前準備として、検証の要となる長期間のヒストリカルデータの取り込み方を解説します。

その②：バックテスト・最適化方法

　ヒストリカルデータを使って、過去のトレードのパフォーマンスを調べることができます（＝バックテスト）。「自分の立てた仮説は正しかったか？」「自分がシステムに足したアイデアは有効か？」などを確認することができます。

　また、マーケットとインディケータをかみ合わせるための、パラメーターの最適化方法も併せてご紹介いたします。

その③：外部から入手しインディケータをＥＡにする方法

　ウエブサイトなどからダウンロードしたインディケータをEA化する方法をご紹介していきます。メタトレーダーのコミュニティやフォーラムでは、世界中のメタトレーダー愛好者によって開発されたインディケータが公開されており、その多くはフリーでダウンロードできます。よく知られたベーシックなものから、開発者独自のユニークなものまで非常にたくさんあります。このようにインディケータを発掘してEA化し、トレードできるのもメタトレーダーの醍醐味のひとつです。そのために必要な知識はライン番号を調べる方法ですが、その方法を画像をふんだんに使いご紹介していきます。

Contents

・はじめに ─────────────────────────── 002
・本書の構成について ──────────────────── 004

事前準備編

1 本書で紹介するプログラムについて ─────────── 012
2 プログラムのダウンロード方法と導入の仕方 ─────── 015
3 ダウンロードできるプログラムについて ────────── 021
4 コンパイルを忘れずに！ ───────────────── 028
5 検証の前提条件について ────────────────── 030

気づき編

1 単純にテクニカル分析をしただけでは勝てない ─────── 032
・ **コラム** 右肩下がりの戦略の逆トレードをしても右肩下がり？ ── 040

テクニカル＋アイデア編

1 タイムフレームを変えるだけでも検証結果は違ってくる ──── 044
2 **アイデア 1** 「買いのみ」「売りのみ」で分析してみる ──────── 055
3 **アイデア 2** 「マルチタイムフレーム」を加えてみる ───────── 064
4 **アイデア 3** チャートパターンを使ってみる ──────────── 077
5 **アイデア 4** 利益確定・ロスカットを入れてみる ─────────── 090
6 **アイデア 5** 他通貨でも試してみる ───────────────── 104

7	アイデア6	時間でエグジットしてみる	112
8	アイデア7	他通貨を見てみる	122
9	アイデア8	ブレイクアウト戦略を試してみる	136

アプローチA
・取引対象（ドル円）以外の高値、安値を見てトレードしたらどうだろうか？ 138

アプローチB
・オージー円以外の通貨で高値、安値を見ても駄目なのか？ ── 143

アプローチC
・どうやら通貨ペアだけの問題ではないのかも……。
では、売買のタイミングは想定どおりなのか？ ── 146

アプローチD
・ここまで取引対象（ドル円）以外に注目してきた。ここで、あらためて
取引対象を見直したら改善案が生まれるのではないだろうか？ ── 150

アプローチE（アプローチDを踏まえて）
・2006年2月のユーロ円と同じ動きをしているユーロクロスは？ ── 152

アプローチF
・今までは円同士の組み合わせの動きを中心に見てきたが、
ユーロ同士の組み合わせだとどうなるのかを試してみたら？ ── 153

10	アイデア9	買いと売りでパラメーターを変えてみよう	175

・シンキングタイム ── 184

アプローチA
・取引対象のオージー円の動きは？ ── 186

アプローチB
・2008年11月〜12月末までで買いと売り、どちらが負けている？ ── 187

アプローチC
・売買タイミングを取引が活発なニューヨーク時間に限定したらどうなる？　189

アプローチD
・トレードリストやチャート上のエントリーポイントを見ていたらゴトー日の特に月末である30日に勝ててないように思えた、ほかにもある？　191

アプローチE
・ここまでのアプローチA〜Dをまとめて、アプローチEに生かしてみます。　193

特別付録編

その① 長期のヒストリカルデータを取り込む
① ヒストリカルデータをダウンロード ─ 217
② 長期のデータを取り込めるようにメタを設定する ─ 219
③ ヒストリカルデータをインポート ─ 221
④ 1分足から他の分足の作成 ─ 225

その② バックテストと最適化
バックテストの方法 ─ 230
最適化の方法 ─ 236

その③ フリーで入手したインディケータをEA化
ダウンロードしたインディケータをEAに変身させよう！ ─ 240
- その1　理論武装編 ─ 244
- その2　全体像を把握しよう ─ 248
- その3　実践編 ─ 250

・おわりに ─ 266

事前準備編

1　本書でご紹介するプログラムについて

　ご自身で検証したり、味付け（カスタマイズ）したりして独自の戦略を作れるように、これからご紹介するトレードのアイデア例は、各アイデアを実際にシステムにするためのプログラムも併せてご紹介しています。

　プログラムは各アイデアのエントリー条件とエグジット条件を中心に全文を載せています。アイデア例と定型文を15ページに従ってダウンロードし、定型文の所定の位置にコピペします。その後、皆様が自分独自のアイデアを足していく流れです。

　エントリーとエグジットはどんなEAでも共通のプログラムですので定型文としてご用意しました（『iCustom（アイカスタム）で変幻自在のメタトレーダー』でご紹介した定型文と同じものです）。

　アイデア例を定型文のどこにコピペするかをご紹介します。

ステップ①　▲▲▲▲に買いエントリー条件を記述
ステップ②　△△△△に売りエントリー条件を記述
ステップ③　■■■■に買いポジションのエグジット条件を記述
ステップ④　□□□□に売りポジションのエグジット条件を記述

　13～14ページが定型文のプログラムです。これを見て、ステップ①～④がどこに書かれているのかを確認してください。

定型文

```
// マジックナンバーの定義
#define MAGIC  4649

// パラメーターの設定 //
extern double Lots = 1;   // 取引ロット数
extern int Slip     = 10; // 許容スリッページ数
extern string Comments = ""; // コメント

// 変数の設定 //
int Ticket_L = 0; // 買い注文の結果をキャッチする変数
int Ticket_S = 0; // 売り注文の結果をキャッチする変数
int Exit_L   = 0; // 買いポジションの決済注文の結果をキャッチする変数
int Exit_S   = 0; // 売りポジションの決済注文の結果をキャッチする変数


int start()
 {


   // 買いポジションのエグジット  --------- ③
   if(  ■■■■  ---------
      && ( Ticket_L != 0 && Ticket_L != -1 ))
    {
      Exit_L = OrderClose(Ticket_L,Lots,Bid,Slip,Red);
      if( Exit_L ==1 ) {Ticket_L = 0;}
    }

   // 売りポジションのエグジット  --------- ④
   if(  □□□□  ---------
      && ( Ticket_S != 0 && Ticket_S != -1 ))
    {
      Exit_S = OrderClose(Ticket_S,Lots,Ask,Slip,Blue);
      if( Exit_S ==1 ) {Ticket_S = 0;}
    }
```

次ページへ

```
// 買いエントリー                    ----①
if(  ▲▲▲▲
    && ( Ticket_L == 0 || Ticket_L == -1 )
    && ( Ticket_S == 0 || Ticket_S == -1 ))
{
  Ticket_L = OrderSend(Symbol(),OP_BUY,
                  Lots,Ask,Slip,0,0,Comments,MAGIC,0,Red);
}

// 売りエントリー                    ----②
if(  △△△△
    && ( Ticket_S == 0 || Ticket_S == -1 )
    && ( Ticket_L == 0 || Ticket_L == -1 ))
{
  Ticket_S = OrderSend(Symbol(),OP_SELL,
                  Lots,Bid,Slip,0,0,Comments,MAGIC,0,Blue);
}
```

2 プログラムのダウンロード方法と導入の仕方

1 プログラムのダウンロード

①以下にアクセスしてください。

http://www.panrolling.com/books/gr/gr107.html

②「本書をお求めの方へ」というコーナーに行ってください。

③コーナーにはナンバーを入力する欄がありますので、本書巻末の袋とじの中に記載されているナンバーを入力してください。

④ナンバーを入力すると「電子メールアドレス登録」の画面になります。メールアドレスなどの必要事項を記入した後、「登録」ボタンを押してください。

⑤登録されたメールアドレス宛に、ファイルダウンロード用のアドレスが送られてきます。

⑥アドレスをクリックして、「iCustom」という名前のZip形式フォルダを入手してください。ファイルを解凍すると「検証用プログラム」「インディケータ」の2つのフォルダが入っています（詳細は次ページ参照）。

「検証用プログラム」フォルダ

定型文 .mq4
アイデア① MACD.mq4
アイデア②マルチタイムフレーム .mq4
アイデア③-1 チャートパターン（前日陽線）.mq4
アイデア③-2 チャートパターン（前日前々日陽線）.mq4
アイデア④利益確定・ロスカット .mq4
アイデア⑥時間エグジット .mq4
アイデア⑦他通貨を見てみる .mq4
アイデア⑧-1 ブレイクアウト .mq4
アイデア⑧-2 ブレイクアウト逆張り .mq4
アイデア⑧-3 一定金額の損失でシステムストップ .mq4
アイデア⑨-1 買いと売りでパラメータを変える .mq4
アイデア⑨-2 移動平均＋ヨーロッパ＋NY 時間のみ .mq4
RoomSeeker.mq4

「インディケータ」フォルダ

NY_Box.mq4

2-1 検証用プログラムの配置場所

「検証用プログラム」フォルダの中身を下記の場所に保存（貼り付け）します。保存する順番は次のとおりです。

マイコンピュータ→ C ドライブ→ Program Files → MetaTrader4
→ experts のフォルダの中に配置（貼り付ける）

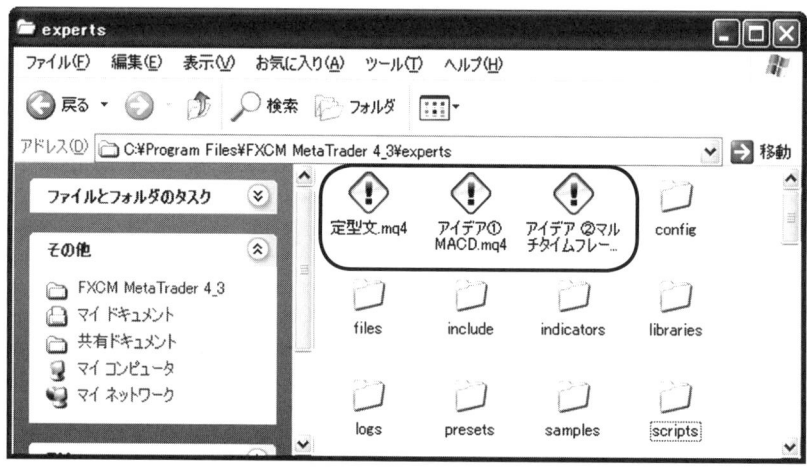

※フォルダごと貼り付けてもメタトレーダーは認識しないので注意してください。**必ずフォルダの中身を貼り付けてください。**
※「MetaTrader4」フォルダはお使いの業者によって「FXCM MetaTrader4」などのように名称が異なることがあります。
※ WindowsVista をお使いの方など、メタトレーダーを「Program Files」の直下ではない場所にインストールしている場合は、インストール先の「experts」フォルダの中に配置（貼り付ける）してください。
※上の画像では、「定型文」とダウンロードできる EA の代表として２つのシステムを載せています。

2-2 インディケータの配置場所

「インディケータ」フォルダの中身を下記の場所に保存(貼り付け)します。保存する順番は次のとおりです。

マイコンピュータ→ C ドライブ→ Program Files → MetaTrader4 → experts → indicators のフォルダの中に配置(貼り付ける)

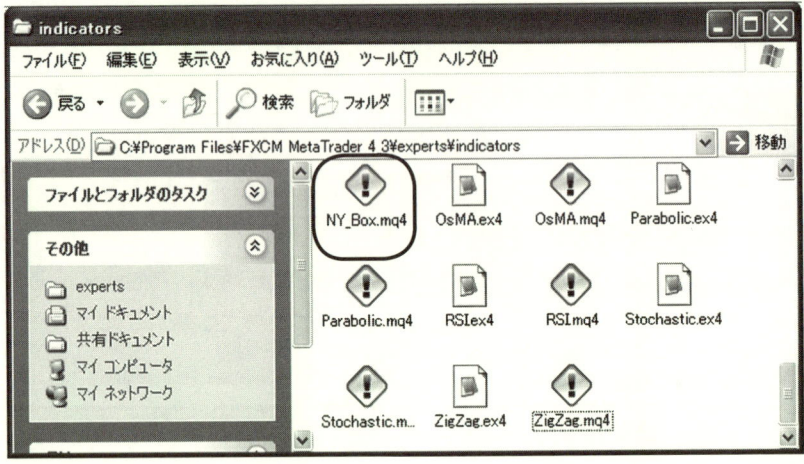

※フォルダごと貼り付けてもメタトレーダーは認識しないので注意してください。**必ずフォルダの中身を貼り付けてください。**
※「MetaTrader4」フォルダはお使いの業者によって「FXCM MetaTrader4」などのように名称が異なることがあります。
※ WindowsVista をお使いの方など、メタトレーダーを「Program Files」の直下ではない場所にインストールしている場合は、インストール先の「indicators」フォルダの中に配置(貼り付ける)してください。

3 メタトレーダーの再起動

　配置したプログラムを読み込ませるために、メタトレーダーを再起動します。

4 導入完了の確認

　検証用プログラムは「ナビゲーター」の「Expert Advisors」に、インディケータは「Custom Indicators」に導入されています（次ページの図参照）。

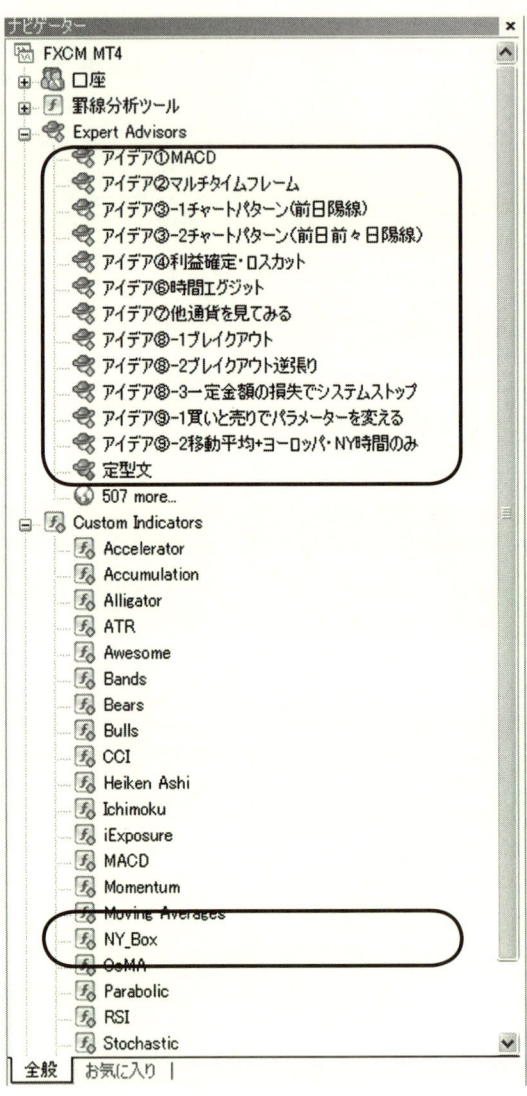

※「定型文」のみ マークはグレー色になっておりますが、問題はありません。

3　ダウンロードできるプログラムについて

　本書でご紹介しているプログラムは解説上の分かりやすさを重視しているため、ダウンロードしたプログラムとは記述上、若干の違いがあります。もちろん、バックテスト結果は同じですので、その点はご安心ください。
　ダウンロードしたプログラムは、以下の2つがすぐにできるようにプログラミングされています。

①ダウンロードしたプログラム（EA）については、メタトレーダー上でパラメーターを変更できる
②パラメーターの最適化を行うことができる

それぞれについて、以下で詳しく説明します。

～その1～
ダウンロードしたプログラム（EA）については、
メタトレーダー上でパラメーターを変更できる。
※パラメーターの変更方法は22あるいは、232ページをご参照ください

　プログラムを開いて、変更して、コンパイルという作業を行わないで済むように、パラメーターはメタトレーダーの操作で変更が可能です。MACDの例で紹介いたします。次ページをご覧ください。

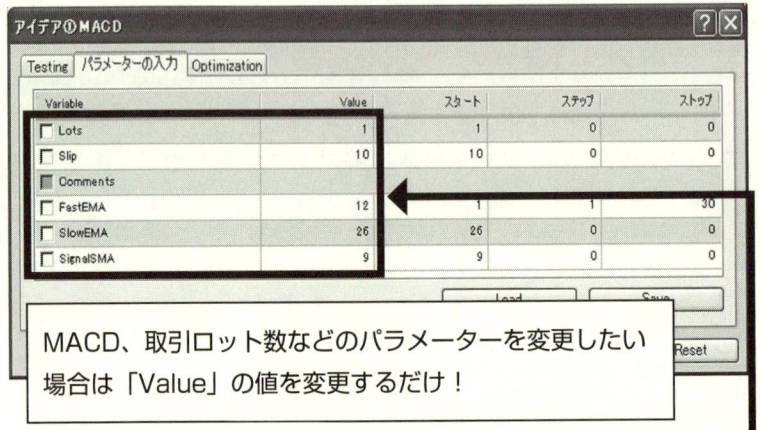

MACD、取引ロット数などのパラメーターを変更したい場合は「Value」の値を変更するだけ！

ダウンロードするプログラム　MACD編

プログラムの話ですが、「extern」と先頭で宣言したものはメタトレーダー上で変更できるようになります。

```
// マジックナンバーの定義
#define MAGIC  1

// パラメーターの設定 //
extern double Lots = 1.0;      // 取引ロット数
extern int Slip = 10;          // 許容スリッページ数
extern string Comments = ""; // コメント
extern int FastEMA=12;         //MACDの短期
extern int SlowEMA=26;         //MACDの長期
extern int SignalSMA=9;        //MACDのシグナル


// 変数の設定 //
int Ticket_L = 0; // 買い注文の結果をキャッチする変数
int Ticket_S = 0; // 売り注文の結果をキャッチする変数
int Exit_L = 0;   // 買いポジションの決済注文の結果をキャッチする変数
int Exit_S = 0;   // 売りポジションの決済注文の結果をキャッチする変数
```

次ページへ

```
int start()
 {
  // 買いポジションのエグジット
  if( iCustom(NULL,0,"MACD",FastEMA,SlowEMA,SignalSMA,0,1) <
     iCustom(NULL,0,"MACD",FastEMA,SlowEMA,SignalSMA,1,1)
    && ( Ticket_L != 0 && Ticket_L != -1 ))
  {
    Exit_L = OrderClose(Ticket_L,Lots,Bid,Slip,Red);
    if( Exit_L ==1 ) {Ticket_L = 0;}
  }
  // 売りポジションのエグジット
  if( iCustom(NULL,0,"MACD",FastEMA,SlowEMA,SignalSMA,0,1) >
     iCustom(NULL,0,"MACD",FastEMA,SlowEMA,SignalSMA,1,1)
    && ( Ticket_S != 0 && Ticket_S != -1 ))
  {
    Exit_S = OrderClose(Ticket_S,Lots,Ask,Slip,Blue);
    if( Exit_S ==1 ) {Ticket_S = 0;}
  }
  // 買いエントリー
  if( iCustom(NULL,0,"MACD",FastEMA,SlowEMA,SignalSMA,0,1) >
     iCustom(NULL,0,"MACD",FastEMA,SlowEMA,SignalSMA,1,1)
    && ( Ticket_L == 0 || Ticket_L == -1 )
    && ( Ticket_S == 0 || Ticket_S == -1 ))
  {
    Ticket_L = OrderSend(Symbol(),OP_BUY,
                        Lots,Ask,Slip,0,0,Comments,MAGIC,0,Red);
  }
```

extern で宣言された値、もしくは Value で入力した値が代入される

次ページへ

```
// 売りエントリー                    extern で宣言された値、もしくは Value
                                     で入力した値が代入される
if( iCustom(NULL,0,"MACD",FastEMA,SlowEMA,SignalSMA,0,1) <
    iCustom(NULL,0,"MACD",FastEMA,SlowEMA,SignalSMA,1,1)
    && ( Ticket_S == 0 || Ticket_S == -1 )
    && ( Ticket_L == 0 || Ticket_L == -1 ))
{
  Ticket_S = OrderSend(Symbol(),OP_SELL,
                       Lots,Bid,Slip,0,0,Comments,MAGIC,0,Blue);

}


  return(0);
}
```

次ページのように数値を直接入力する場合は、28ページの「コンパイルを忘れずに」を読んでください。

本書でご紹介するプログラム　MACD編

```
// マジックナンバーの定義
#define MAGIC 1
// パラメーターの設定 //
extern double Lots = 1.0; // 取引ロット数
extern int Slip = 10; // 許容スリッページ数
extern string Comments = ""; // コメント
// 変数の設定 //
int Ticket_L = 0; // 買い注文の結果をキャッチする変数
int Ticket_S = 0; // 売り注文の結果をキャッチする変数
int Exit_L = 0; // 買いポジションの決済注文の結果をキャッチする変数
int Exit_S = 0; // 売りポジションの決済注文の結果をキャッチする変数
int start()
{
                             数値を直接入力
// 買いポジションのエグジット
if( iCustom(NULL,0,"MACD",12,26,9,0,1) <
    iCustom(NULL,0,"MACD",12,26,9,1,1)
    && ( Ticket_L != 0 && Ticket_L != -1 ))
{
Exit_L = OrderClose(Ticket_L,Lots,Bid,Slip,Red);
if( Exit_L ==1 ) {Ticket_L = 0;}
}                            数値を直接入力
// 売りポジションのエグジット
if( iCustom(NULL,0,"MACD",12,26,9,0,1) >
    iCustom(NULL,0,"MACD",12,26,9,1,1)
    && ( Ticket_S != 0 && Ticket_S != -1 ))
{
Exit_S = OrderClose(Ticket_S,Lots,Ask,Slip,Blue);
if( Exit_S ==1 ) {Ticket_S = 0;}
}
```

次ページへ

```
// 買いエントリー                     ← 数値を直接入力
if( iCustom(NULL,0,"MACD",12,26,9,0,1) >
    iCustom(NULL,0,"MACD",12,26,9,1,1)
    && ( Ticket_L == 0 || Ticket_L == -1 )
    && ( Ticket_S == 0 || Ticket_S == -1 ))
{
Ticket_L = OrderSend(Symbol(),OP_BUY,
Lots,Ask,Slip,0,0,Comments,MAGIC,0,Red);
}
// 売りエントリー                     ← 数値を直接入力
if( iCustom(NULL,0,"MACD",12,26,9,0,1) <
    iCustom(NULL,0,"MACD",12,26,9,1,1)
    && ( Ticket_S == 0 || Ticket_S == -1 )
    && ( Ticket_L == 0 || Ticket_L == -1 ))
{
Ticket_S = OrderSend(Symbol(),OP_SELL,
Lots,Bid,Slip,0,0,Comments,MAGIC,0,Blue);
}
return(0);
}
```

～その2～
パラメーターの最適化を行うことができる。
※最適化の方法は 236 ページをご参照ください

　利益確定やロスカットやテクニカルのパラメーターの最適値を見つけ、ひとつの基準として、読者の皆様に見てもらうために、最適化ができるようにプログラミングしてあります。ぜひ試してみてください。

4 コンパイルを忘れずに！

　プログラムを開いて変更したら必ず「Compile」ボタンをクリックします。ご自身でプログラムを記述した場合も同様です。
　Compileは「コンパイル」と読みます。人が書いたプログラムをコンピュータが読み込んで実行できる形式に変換する作業です。
　もともとコンピュータは0と1しか理解してくれないため、人間の書いた英文のプログラムは理解できません。そこでプログラムをコンピュータにも理解できるように0と1に変換することをコンパイルといいます。「Compile」ボタンをクリックすることによってこの変換作業ができます。「0 error(s),0 warnings(s)」と表示されればコンパイル成功です。

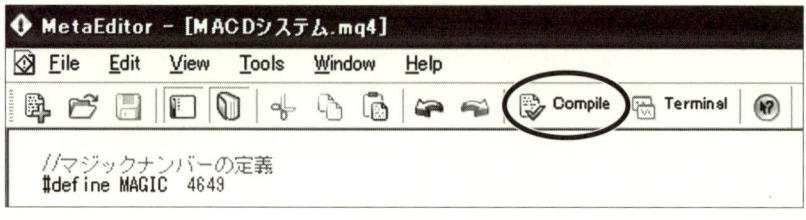

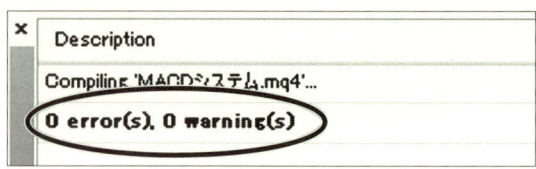

　プログラムに文法的な誤りがある場合、コンパイル時にエラーがあることを教えてくれます。コピペがうまくいっていません。ご確認を。

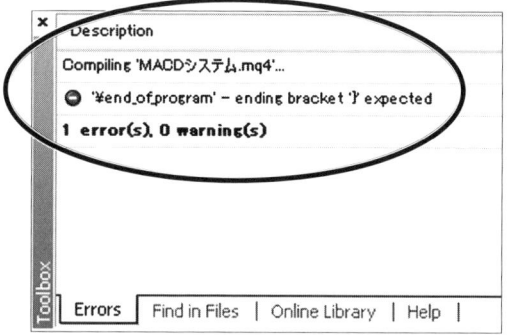

5　検証の前提条件について

本書でご紹介する検証は、次の条件に基づいています。

データ	FXDD のサイトよりダウンロードしたもの	
取引単位	1ロット（10万通貨）	
検証期間	2005年1月10日〜2011年12月29日	
スプレッド	ドル円	2.0pips
	ユーロドル	2.0pips
	ユーロ円	3.0pips
	豪ドル円	3.0pips

 お使いのメタトレーダーのスプレッドについて

　本書は検証結果を比較しやすいようにスプレッドを固定しております。通常のメタトレーダーのバックテスト時のスプレッドは、バックテストのスタートボタンを押したときのスプレッドになるため、本書でご紹介するパフォーマンスと異なることがございます。また、使用するデータの違いによって同様の事象が発生しますことをご留意ください。

気づき編

1 単純にテクニカル分析をしただけでは勝てない

　プログラム知識なし（まったくゼロ）、パソコン経験はインターネット少々（人差し指でタイピングできるレベル、Yahooをヤフーと言っていたレベル）、飲み込みレベルは至って普通（涙）だった私こと、トーソン。

　私にあったものは「旅人になりたい」という明確な目的と、やる気だけでした。「千里の道も一歩から」の精神で、約4カ月という時間をかけて、iCustomなるものを使いながら、メタトレーダーと"友達"になることに全身全霊を注ぎました。

　前作『iCustomで変幻自在のメタトレーダー』は、そんな残念な私のつたない経験を踏まえて、"初心者でも最短で（具体的には5日程度で）、テクニカル分析の検証やEA（自動売買システム）の構築、自動売買までを挫折することなく実践できる"をコンセプトに執筆しました。

　ありがたいことに、読者の皆様から「今まで挫折していたことができるようになりました」と多数のご感想をいただきました。「できるようになりました」というお手紙やメールがなによりも嬉しくて、これに気分を良くした凡人の私は、同時に多数寄せられた「こういうことがやりたいのだけど、どうするの？」というご要望にぜひともお答えしたいと考えました。

　皆様からいただいたご要望は、思い返すと私がiCustomを使えるようになった当時に挑戦したくなったこととオーバーラップしており、図々しくも私のメタトレーダー人生の軌跡を辿りながら解説していけるのではないかと思った次第です。

　そういうわけで、本書も前作同様、昔話から始まります。

　2007年当時の私は、テクニカル分析を使えばトレードで勝てるも

■私が想像していた「テクニカル分析を使ったバックテスト」のイメージ

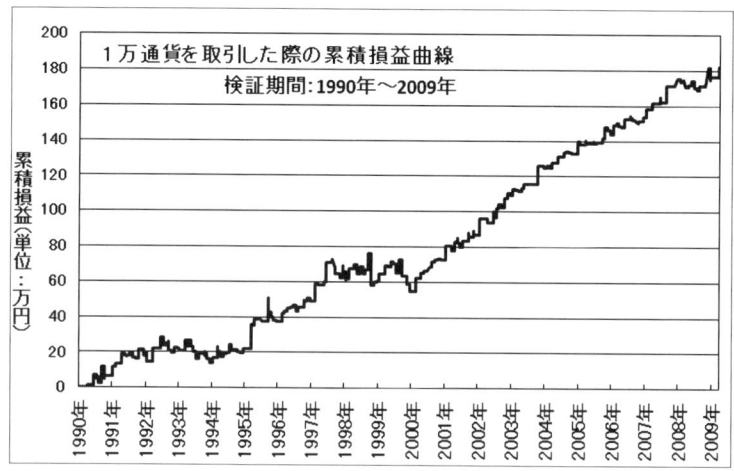

のだと思っていました。ですから、テクニカル分析を使った戦略でバックテストをすれば、上図のようにとても美しい右肩上がりの資産曲線が描かれるものだと当然のように思っていました。

1年もたてば、好きな国に旅をして、ハリウッド映画に出てくるような、泡だらけのジャグジーに浸かりながらワインでも転がす、バラ色の生活が送れると想像していました。

妄想をグルグル渦巻かせつつ、まずは「移動平均線」の検証から始めました。

移動平均線は、テクニカル分析の代名詞と言っても過言ではありません。投資の指南書では最初に紹介されているものです。アナリストの相場解説でも「約1カ月ぶりに200日移動平均線を上抜け、最近の下落基調も終了間近ではないかと思います」などと語られることもあって、私自身、移動平均線は最強のテクニカル分析だと考えていました。

また、短期移動平均線が長期移動平均線を上回ったタイミングを「ゴールデンクロス」と呼ぶということも知りました。直訳すれば「黄

金の交差」です。アメリカの西部開拓時代の「ゴールドラッシュ」を彷彿させる、とてもロマンに満ち溢れた素敵な名称です。その言葉の響きに加えて、本やマスコミによって移動平均線が頻繁に取り上げられている姿を見れば、移動平均線を崇拝する気持ちが芽生えてしまうのも無理はないかと思います。実際、移動平均線は、単なるテクニカル分析を超越した、神にも近い存在として自分の中に堂々と君臨しておりました。

そのような状況のなか、畏敬の念を持って移動平均線の検証を厳かに執り行いました。

ところが、です。実際にドル円で検証を行ってみるとFXでは美しい右肩上がりの資産曲線にはならないのです。むしろ、美しい右肩下がりと言ってもよいかもしれません。

■移動平均線の検証結果

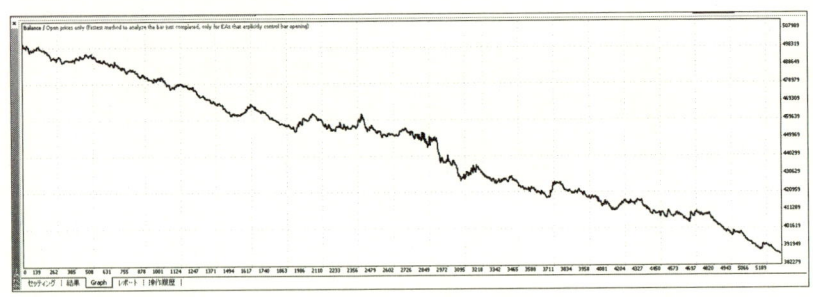

30分足　ドル円
短期移動平均線（期間：6）が長期移動平均線（期間：20）を上回ったら買い。
短期移動平均線（期間：6）が長期移動平均線（期間：20）を下回ったら売り。

当時の私は、このような検証ができるようになった自分に満足していましたが、同時に、なぜ資産曲線が右肩下がりになるのだろうかという疑問も抱きました。

あの神聖で万能と思っていた「移動平均線」が、実は勝てないかもしれない……。そう思ったとき、もっといろいろな検証をしてみようと考えたのです。

とはいうものの、これ以上、どのように検証したらよいのか分からなかった私。移動平均線への思いはありましたが、それ以上、移動平均線での検証はせず、「ローマは1日にしてならず」と自分に言い聞かせ、気を取り直してほかのテクニカル分析の検証に移りました。いろいろなテクニカル分析を試してみたいという思いが強かったのです。

次に行った検証は、移動平均線と同じくらいよく耳にする「RSI」です。

RSIは相場の買われ過ぎや売られ過ぎを示すテクニカル分析という認識を持っており、自分にとってイメージがつきやすく、分かりやすいものでした。

RSIでは、70以上で買われ過ぎと判断して売りエントリーをし、30以上で売られ過ぎと判断して買いエントリーをするという戦略が最も有名です。私自身、そのシンプルさと分かりやすさが大好きです。成功したトレーダーの方がRSIを見ているということを本で読んでいたので、期待に胸踊らせながらバックテストをしました。

■ RSIの検証結果

30分足　ドル円
RSI（期間：12）が30を下回ったら買い。
RSI（期間：12）が70を上回ったら売り。

結果が出た瞬間、椅子からずり落ちそうになりました（**35ページの図 RSI の検証結果参照**）。しかし、冷静になって注視すると、移動平均線の検証結果よりは右肩下がりではないことにも気づきました。

そこで、まずは自分の知っている有名なテクニカル分析で検証を続けて、検証データを集めてみようと考えたのです。その後は、ひたすら検証を続ける日々を過ごすことになりました。

約3カ月間、毎日毎日検証を行いましたが、有効な検証結果どころか、思うような結果が出ることはまったくありませんでした。結果という観点からは途方に暮れそうでしたが、それでも検証ができるようになったことが楽しくて、"検証スキルの向上"という大義名分を掲げながらなんとか続けることができました。

結果が出なかった約3カ月間の検証結果の一部をご紹介させてください。この3カ月という苦悩の時期は大学8年の在学中の8年目の出来事でした。

■ボリンジャーバンドの検証結果

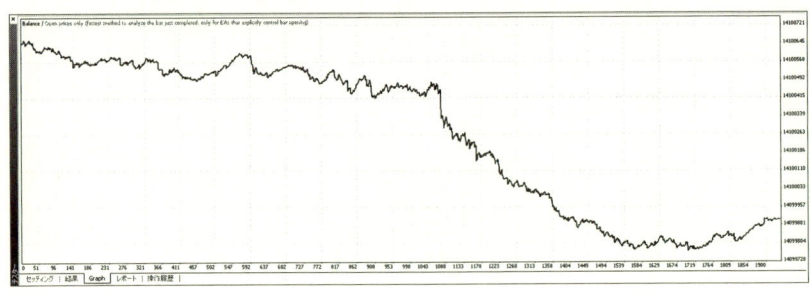

30分足　ドル円
終値がボリンジャーバンド（期間：20、2シグマ）を下回ったら買い。
終値がボリンジャーバンド（期間：20、2シグマ）を上回ったら売り。

■一目均衡表の検証結果

30分足　ドル円
終値が一目均衡表（期間：6、26、52）の雲を上回ったら買い。
終値が一目均衡表（期間：6、26、52）の雲を下回ったら売り。

■平均足の検証結果

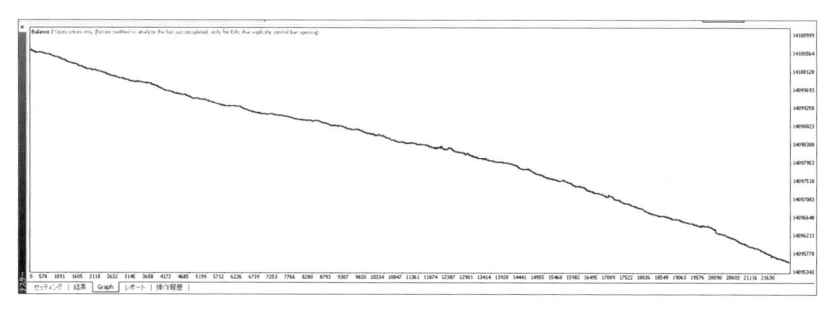

30分足　ドル円
平均足が陰線から陽線に変わったら買い。
平均足が陽線から陰線に変わったら売り。

■ MACD（ドル円）の検証結果

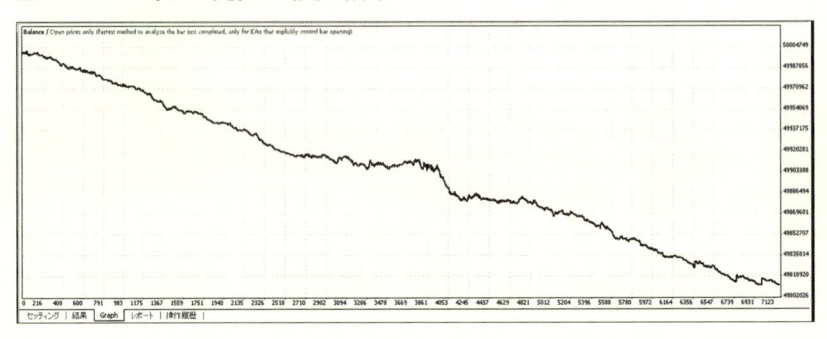

```
30分足　ドル円
MACD（期間：12、26）がシグナル（期間：9）を上回ったら買い。
MACD（期間：12、26）がシグナル（期間：9）を下回ったら売り。
```

　このように、毎日毎日、残念なバックテスト結果を見続けること3カ月、しまいには友人のなで肩を見ても右肩下がりの資産曲線に見えてくるほどになりました。
　思わしい検証結果が出なかったこと自体は残念ではありましたが、後にこのデータと経験は非常に役立つことになります。
　さて、大学8年生のころの話に戻ります。そのときに、テクニカル指標で言われている一般的な売買サイン（例えば、RSIの70以上で買われ過ぎと判断して売りエントリー、30以上で売られ過ぎと判断して買いエントリーなど）に従ったままでは、そう簡単には勝たせてはもらえないと机上で知ったのは、とてもとても大きな前進でした。
　そして、3カ月間の無駄とも思える検証を通して、もうひとつの思いを抱くようになりました。それは、

「だれかと同じことをやっても、勝てないのでは？」

ということでした。

それは有名なテクニカル分析をひたすらアホみたいに検証してきた結果でした。なにも考えず、ただ「有名であれば、一定の結果が出るかも」という他力本願な思いでは、次のステップには進める気がしませんでした。自分なりにテクニカル分析を理解し、仮説を立てて検証をしていかないと、出た結果の意味も分からず、結果を踏まえて考えることができないと思ったのです。これは大きな大きな気づきでした。
　生意気なことを申し上げたかもしれませんが、与えられたものを考えろと言われても凡人の私には難しく、自分なりの仮説を立て、その結果をほかの結果と比較することで初めて、「こっちのほうが良さそうだ」とか、「もっとこうするとどうなるのだろうか」ということが考えられるようになったというのが、正直なところなのです。

　本書は「こうしたら勝てる」とか「こうしたら勝った」という本ではありません。
　仮に必勝トレードシステムがあり、それをご紹介したとしても、そのシステムが知れわたって、多くの人が同じ戦略でトレードするようになった時点で、その戦略には優位性がなくなっていきます。つまり「勝てる」戦略は誰かが教えてくれるなどということはなく、私を含めて全員が自分自身で考えなくてはいけません。
　本書では、第1作目『iCustomで変幻自在のメタトレーダー』の読者からいただいたご質問をベースに、自分独自の戦略を作るときの材料となりそうなトレードアイデアをご提示できればと思っております。
　役に立ちそうなアイデアがあれば、その材料を使って、皆さん自身で最高の調理と味付けをしてほしいと思います。逆に「これは！」というアイデア（素材）が出てきましたら、そのときは私に教えてください。

◆コラム　右肩下がりの戦略の逆トレードをしても右肩下がり？

　右肩下がりの結果となった場合、「では買いと売りを逆にすれば右肩上がりになるのではないか？」と思われるかもしれません。しかし、逆にしても右肩下がりになるケースが往々にしてあります。

■ MACDを逆売買したときの検証結果

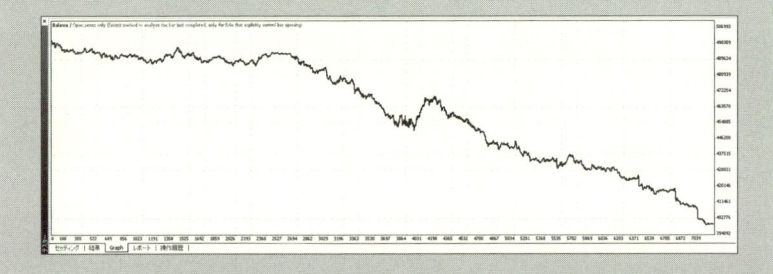

```
30分足　ドル円
MACD（期間：12、26）がシグナル（期間：9）を下回ったら買い。
MACD（期間：12、26）がシグナル（期間：9）を上回ったら売り。
```

　これはスプレッドの影響です。いわば取引手数料として、トレードを行うたびにスプレッド分のコストがかかります。例えば1カ月で30回トレードしたとしたら2pips×30回で月に60pipsは手数料として差し引かれてしまいます。したがって、60pips以上勝たなくてはその月の収益はプラスとなりません。

　右肩下がりの買い戦略を逆（売り戦略）にしても右肩下が

りになってしまうケースでは、どちらにしても手数料以上は勝てなかったことを意味しています。

テクニカル
＋
アイデア編

1 タイムフレームを変えるだけでも検証結果は違ってくる

　気づき編でお話ししたように、テクニカル分析の限界を感じ、今まで盲目的に信じてきた売買サインがいかに役に立たないのかを知った私は、

「人と同じことをやっても勝てないのでは？」

と考えました。だからといって、「すぐに人と違うことをやるのは厳しい」と考え、「まずは自分ができることから始めてみよう」と新たなスタートを切りました。
　"自分の理解できる範囲を少しでも増やしていこう精神"と言えば聞こえはよいですが、当初は自分自身のプログラム能力の範囲内でできることをやるのが楽しかった、というのが正直なところだったと思います。
　プログラム能力がおぼつかないため、複雑なことはできません。かといって、いきなり人と違うことといっても具体的に思いつきません。とにかく、プログラムのスキル（技術）を向上しつつ、自分にできる検証をしてみようと考えたのです。
　私の決して「詰まっている」とはいえない頭をフル回転させて、「なぜ単純にテクニカル分析をしても勝てないのか」、その理由を深く考えてみました。食事中も、お風呂中も、トイレ中も、授業中も、投資哲学的なことを考えてみましたが、行きつく先はやはり単純な理由ばかり。それは、「テクニカル分析で勝てない？→インディケータが適した売買ポイントを示していない？→マーケットの動きとインディケータの動きがかみ合っていないのでは？」ということでした。
　それを受けて、当時の私に取り得る手段は次の２つでした。

> 1．タイムフレームを変更して、自分なりにインディケータを相場に合わせてみる
>
> 2．インディケータのパラメーターの値を変更して、自分なりにインディケータを相場に合わせてみる
>
> **マーケットの動きとインディケータの動きをかみ合わせること**

　どちらにせよ、相場とインディケータがかみ合うように調整するためには、検証データを自分なりに集める必要性があります。この作業をしなければ、客観的な比較ができませんし、「どうしたらよいか」のアイデアも出てこないと思ったからです。　当時の私の日記を一部ご紹介します。

> テクニカルをこのように使ったらいいのではないかという具体的なアイデアが浮かばない。どういう検証をすればテクニカルの使い方が分かるようになるのかのアイデアもなし。途方にくれる。

　どのようにテクニカルを使ったらよいのかまったく分からないうえに、いきなり複雑な検証をしても理解できないと思ったので、比較的簡単にできるタイムフレームを変えて検証するところからスタートしました。その理由は、プログラムを変更する必要がないので、手っ取

り早く検証データを集められ、かつ、プログラム能力のどの部分を伸ばせばよいかを明確にできると思ったからです（ちなみに、45ページの2つの検証を行うことで次に身につけたいと思ったプログラム能力はロスカットや利益確定でした）。

このようなことから、データを集めては、次に必要なプログラム知識を明確化し、勉強することを何度も繰り返しました。目的がなく、ただプログラムの知識を身につけることは、残念ながら私にはできませんでした。目的を持ち、そのために必要な知識を身につけていくという過程を歩んだことが、結果として、楽しく知識を増やせた理由ではないかと今では思っております。

タイムフレームを変えての検証は、メタトレーダーの操作で簡単にできます。具体的には「ストラテジーテスター」上の設定で「期間」を変更するだけです。変更箇所は次のとおりです。

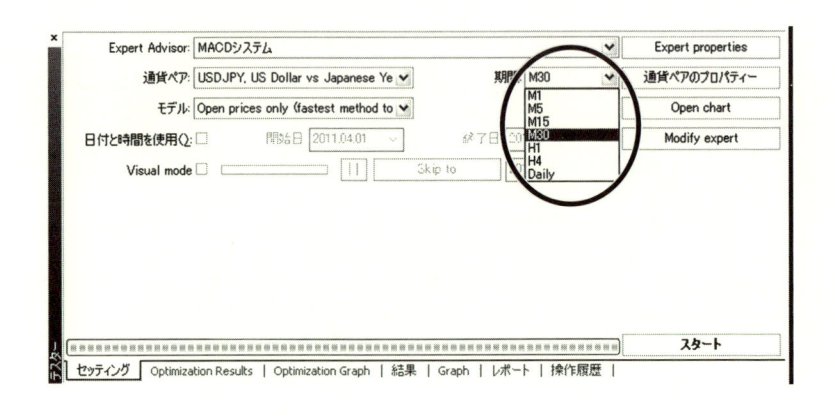

なお、私はMACDのシステムで検証を行いました。正直なところ、どのテクニカル指標を使ってもよかったのですが、比較的よく使っていた指標のほうが分かりやすいという理由でMACDにしました。

38ページでご紹介したMACDのシステムは、ドル円の30分足での検証です。パラメーターの設定はそのままで、5分足、15分足、

MACD ドル円 30 分足

MACD ドル円 5 分足

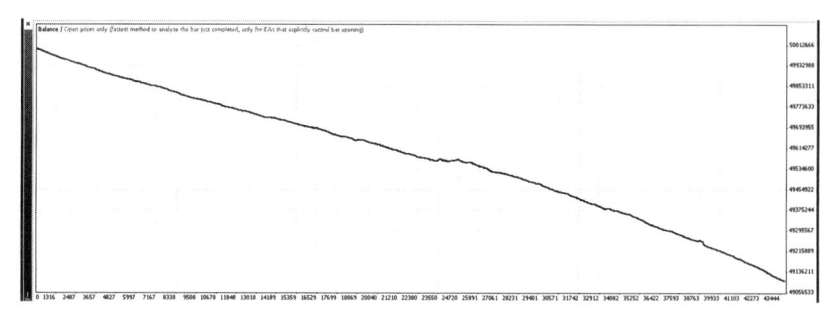

MACD ドル円 15 分足

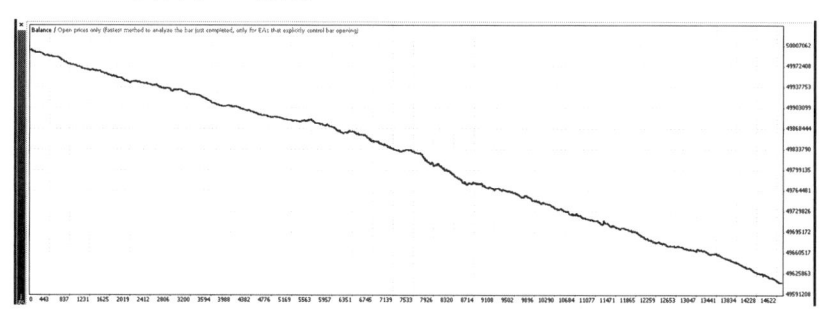

MACD　ドル円１時間足

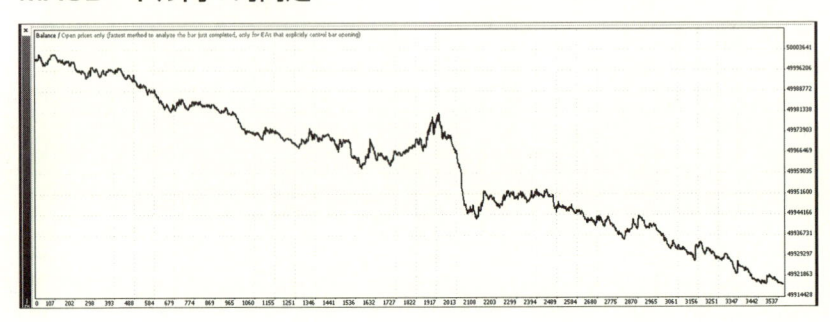

MACD　ドル円４時間足

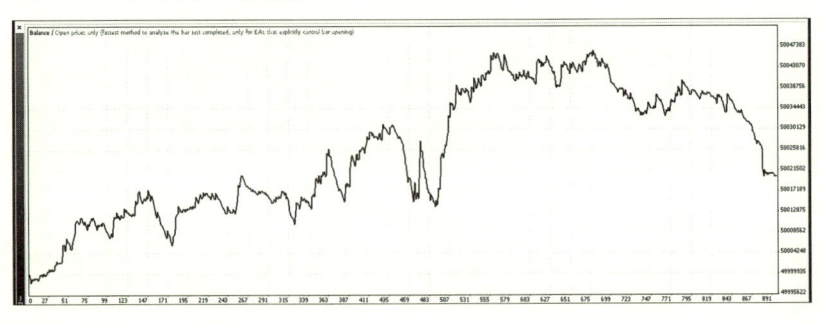

　１時間足、４時間足での検証を行ってみました。

　検証を終えたとき、**それぞれトレード回数が違うこと**に気がつきました。５分足のタイムフレームが一番トレード回数が多く、１５分足、３０分足、という具合に、タイムフレームを大きな時間足に変更するたびに、トレード回数が少なくなっていることが分かると思います。MACDのパラメーターを変えずにエントリー、エグジットを繰り返した結果、４時間足のときに初めて２pipsのコスト（スプレッド）を回収できていることが分かりました。

　この作業を通して、30分足だけを見ていては分からないことが明確に分かりました。と同時に、パラメーターを変えずにできることを

やってみることにしました。

「ユーロドルの4時間足でもコストを回収できているのでは？」と思った私は、とにかく検証してみることにしました。答えは次です。

MACD　ユーロドル4時間足

ユーロドルよりも、ドル円のほうがコンスタントにコストを回収できていることが分かります。そこで、引き続きMACDのパラメーターを変えず、ドル円で検証してみることにしました。当時の私の日記を一部ご紹介します。

> ドル円4時間足での検証結果を見たときに少し希望が見えた。人類にとっては大きな一歩ではないが、私には大きな一歩であり、始めて自分の足で歩いている気がした。やる気、復活！　また頑張れる。明日はプログラムも勉強しつつ、検証を続けよう。

　次ページに、検証のプログラム文を載せておきます。これ以降のプログラムも各アイデアの末尾で紹介しております。

MACD　プログラム編

◆買いエントリー条件

> iCustom(NULL,0,"MACD",12,26,9,0,1) >
> iCustom(NULL,0,"MACD",12,26,9,1,1)

↓ 日本語にすると……

> 1本前のバーの MACD が1本前のバーのシグナルより大きい

◆売りエントリー条件

> iCustom(NULL,0,"MACD",12,26,9,0,1) <
> iCustom(NULL,0,"MACD",12,26,9,1,1)

↓ 日本語にすると……

> 1本前のバーの MACD が1本前のバーのシグナルより小さい

◆買いポジションのエグジット条件
　売りエントリー条件と同じ

◆売りポジションのエグジット条件
　買いエントリー条件と同じ

解説

MACDの「MACD」ラインはプログラムで下記のように表します。

> iCustom(NULL,0,"MACD",12,26,9,**0**,1)

MACDの「シグナル」ラインはプログラムで下記のように表します。

> iCustom(NULL,0,"MACD",12,26,9,**1**,1)

「MACDがシグナルより大きい」は下記のように表します。

> iCustom(NULL,0,"MACD",12,26,9,0,1)
> \> iCustom(NULL,0,"MACD",12,26,9,1,1)

MACDのパラメーターは下記の箇所に記述されています。

> iCustom(NULL,0,"MACD",**12,26,9**,0,1)
> ↑
> パラメーター

「12」は短期の指数移動平均の期間を意味します。
「26」は長期の指数移動平均の期間を意味します。
「9」はシグナルの期間を意味します。

　以上、ここまでお話ししてきた「タイムフレームを変更してみる」ということ自体は、先輩投資家にとっては極めて当たり前の検証かもしれません。でも、タイムフレームといった、ごくごく基礎的なところを変えるだけでも結果は違ってきます。ここでは、そのことをお伝えしたいと思い、あえて簡単なところから始めました。次節からは、もう少し本格的なトレードアイデアを紹介&検証します。

MACD プログラム文 その1

※注目：下記のプログラムを4時間足に適用

```
// マジックナンバーの定義
#define MAGIC  1

// パラメーターの設定 //
extern double Lots = 1.0;      // 取引ロット数
extern int Slip = 10;          // 許容スリッページ数
extern string Comments = "";  // コメント

// 変数の設定 //
int Ticket_L = 0; // 買い注文の結果をキャッチする変数
int Ticket_S = 0; // 売り注文の結果をキャッチする変数
int Exit_L = 0;   // 買いポジションの決済注文の結果をキャッチする変数
int Exit_S = 0;   // 売りポジションの決済注文の結果をキャッチする変数


int start()
 {

  // 買いポジションのエグジット
  if( iCustom(NULL,0,"MACD",12,26,9,0,1) <
      iCustom(NULL,0,"MACD",12,26,9,1,1)
      && ( Ticket_L != 0 && Ticket_L != -1 ))
  {
    Exit_L = OrderClose(Ticket_L,Lots,Bid,Slip,Red);
    if( Exit_L ==1 ) {Ticket_L = 0;}
  }

  // 売りポジションのエグジット
  if( iCustom(NULL,0,"MACD",12,26,9,0,1) >
      iCustom(NULL,0,"MACD",12,26,9,1,1)
      && ( Ticket_S != 0 && Ticket_S != -1 ))
  {
    Exit_S = OrderClose(Ticket_S,Lots,Ask,Slip,Blue);
    if( Exit_S ==1 ) {Ticket_S = 0;}
  }
```

次ページへ

MACD プログラム文 その2

```
// 買いエントリー
if( iCustom(NULL,0,"MACD",12,26,9,0,1) >
    iCustom(NULL,0,"MACD",12,26,9,1,1)
    && ( Ticket_L == 0 || Ticket_L == -1 )
    && ( Ticket_S == 0 || Ticket_S == -1 ))
 {
   Ticket_L = OrderSend(Symbol(),OP_BUY,
                        Lots,Ask,Slip,0,0,Comments,MAGIC,0,Red);
 }

// 売りエントリー
if( iCustom(NULL,0,"MACD",12,26,9,0,1) <
    iCustom(NULL,0,"MACD",12,26,9,1,1)
    && ( Ticket_S == 0 || Ticket_S == -1 )
    && ( Ticket_L == 0 || Ticket_L == -1 ))
 {
   Ticket_S = OrderSend(Symbol(),OP_SELL,
                        Lots,Bid,Slip,0,0,Comments,MAGIC,0,Blue);
 }


 return(0);
}
```

2 ～～アイデア1～～
「買いのみ」「売りのみ」で分析してみる

　ドル円の4時間足にMACDを適用した戦略は検証データとして、一歩が踏み出せたと思いました。が、欲が出てきました。「もう少し掘り下げて検証できないか？」「難しいプログラムをせずにできるようなものはもうないか？」と考えたのです。その末に思いついたのが、これから紹介する「買いのみ」「売りのみ」での分析です。

　私は、「トレード回数が少なくなる＝コストの回収がしやすくなるのでは？」という点に注目し、「買い」と「売り」のパフォーマンスは同じなのかという疑問を持ちました。「そこに違いはあるのか？」という疑問を自分なりに解決したいと思っていたところ、メタトレーダーのバックテストに「買いのみ」「売りのみ」を設定して検証できる機能があることに気づきました。そこで、買いと売りを別々に検証してみることにしました。そのときのイメージは次のようなものです。

◆素のシステムに条件を"足す"ことで使えるシステムにできないか

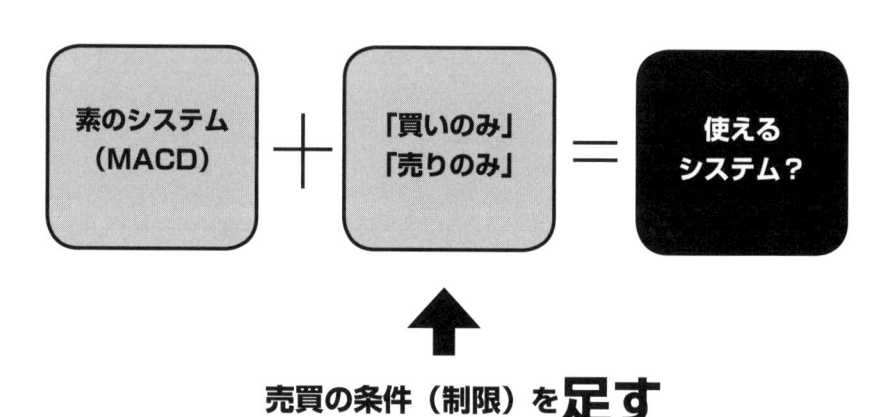

素のシステム（MACD） ＋ 「買いのみ」「売りのみ」 ＝ 使えるシステム？

↑
売買の条件（制限）を**足す**

やり方は至って簡単です。「テスター」ウィンドウの「Expert properties」をクリックします。

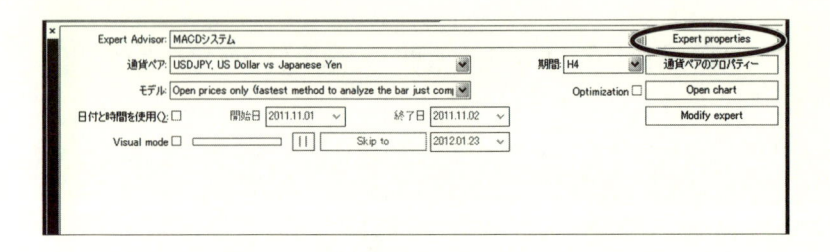

ポップアップ画面の「Testing」タブで「Long Only」(買いエントリーのみ)、「Short Only」(売りエントリーのみ)を設定できます。

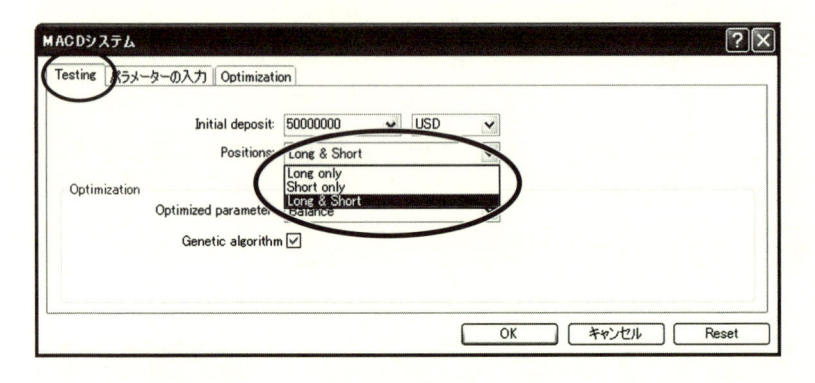

例えばMACDのシステムを「買い」と「売り」で分けてパフォーマンスを見てコストの回収に違いが見られるか、ドル円の4時間足で検証しています。次ページを見てください。

買い＋売り

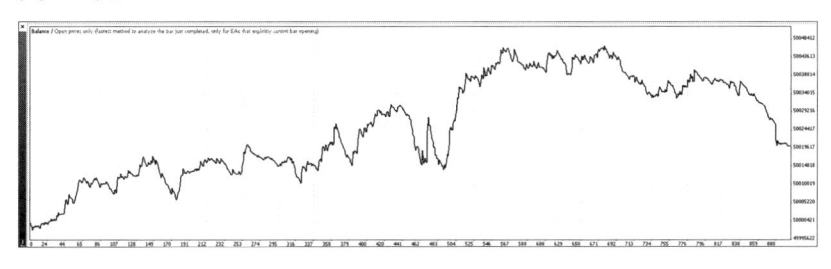

買いのみ

売りのみ

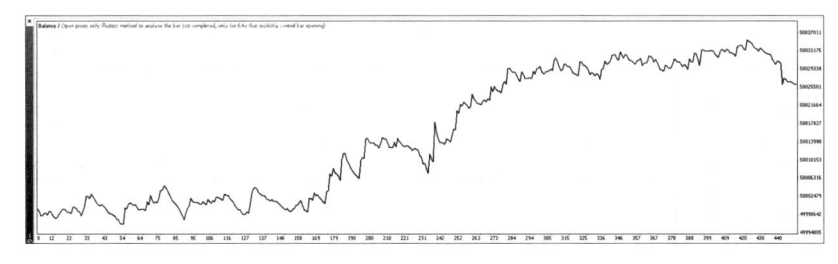

「買い」と「売り」を比較して検証してみたところ、「売り」のほうは「買い」よりもコストが回収できていると分かりました。
　これまでバックテストをすると、結果が良いのか悪いのかだけに目が行ってしまったため、それより先を比較検証しようとしませんでした。異性を見たときに、外見が美しいのか、そうでないのかだけに注目しているのと同じ状態です。
　恋愛経験が少ないため、これ以上踏み込んだ言及は避けますが、諸先輩方の言う、「もう一歩踏み込んで中身を見てみること」が極めて重要だと痛感した瞬間でした。トレードでも同じことをしなくてはダメだと妙に納得した自分がそこにはいました。
　異性の中身の検証にはそれなりの時間をともに過ごし、時には労力とお金も必要になるでしょうが、トレードの中身の検証（買いと売りの検証）は素早く手軽にできるという利点があります。
　検証した結果、「売り」のパフォーマンスが良いことが分かると、私は「売り」だけを行いたい誘惑で頭がいっぱいになります。しかし、この判断は正しいでしょうか？
　売りだけのシステムですから、「円高局面（下落トレンド）では力を発揮するのでは？」と想像できますが、逆に「円安局面（上昇トレンド）ではこっぴどくやられるのではないか？」という不安も出てきます。逆もしかりで、円高局面できちんと力を発揮できているのか？ということも知りたいところです。
　単純な検証で調べてみましょう。先ほどのバックテスト期間は2005年1月から2011年12月末です。この間のドル円のトレンドは2005年1月～2007年7月までが円安局面、2007年7月～2011年12月までが円高局面でした。
　「売りのみ」のパフォーマンスを円安局面と円高局面に分けて見てみます。

売りのみ

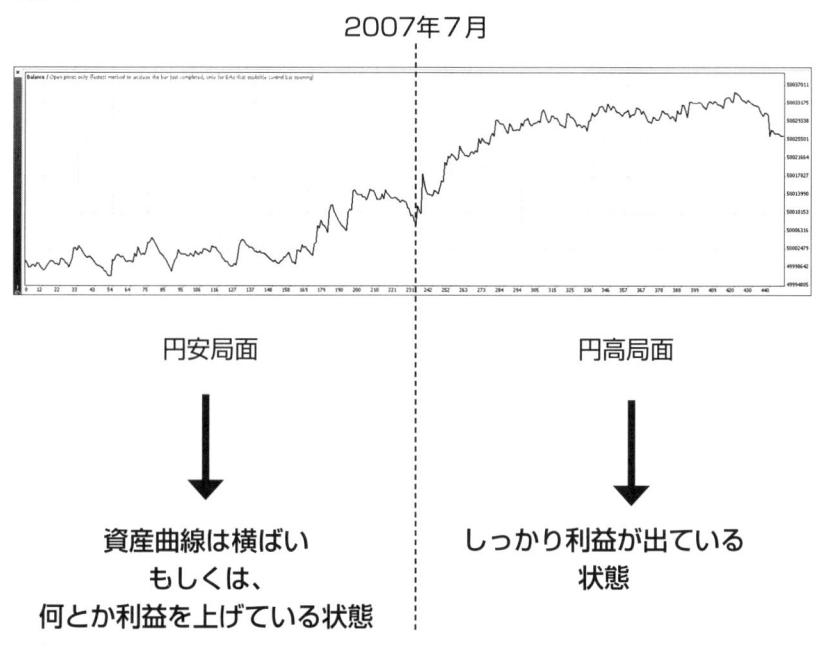

2007年7月

円安局面 | 円高局面

資産曲線は横ばい
もしくは、
何とか利益を上げている状態

しっかり利益が出ている
状態

　想像どおり、円高局面でコストを回収して利益を伸ばしています。円安局面でもコストをぎりぎり回収できて横ばいか、コストを回収して少し利益を上げています。
　この結果を総合的に判断すると、「売りのみ」を行うと、下落トレンドでは予想どおりに活躍が期待され、かつ、不安要素である上昇トレンドになったとしても大きくは負けないことから、再び下落トレンドが到来するまで辛抱強く待つという戦略が機能しそうだと分かります。
　せっかくですから「買いのみ」も同様の分析をしてみます。
　「買いのみ」は、円安局面では利益を出していますが、一転、円高局面になると積み上げてきた利益をすべてはき出しています。
　つまり円安局面のみに賭ける戦略であり、いつもドル円のトレンドを注視していないといけないのかもしれません。

またいろいろなインディケータを iCustom で EA に変身させてみて、コストの回収という観点から見た結果、MACD にかぎらず「買い」よりも「売り」のほうがコストを回収できるケースが多いことも分かりました。61 〜 62 ページに一例として、平均足とアクセラレーター、それぞれの戦略の買いと売りのパフォーマンスをご紹介します。

買いのみ

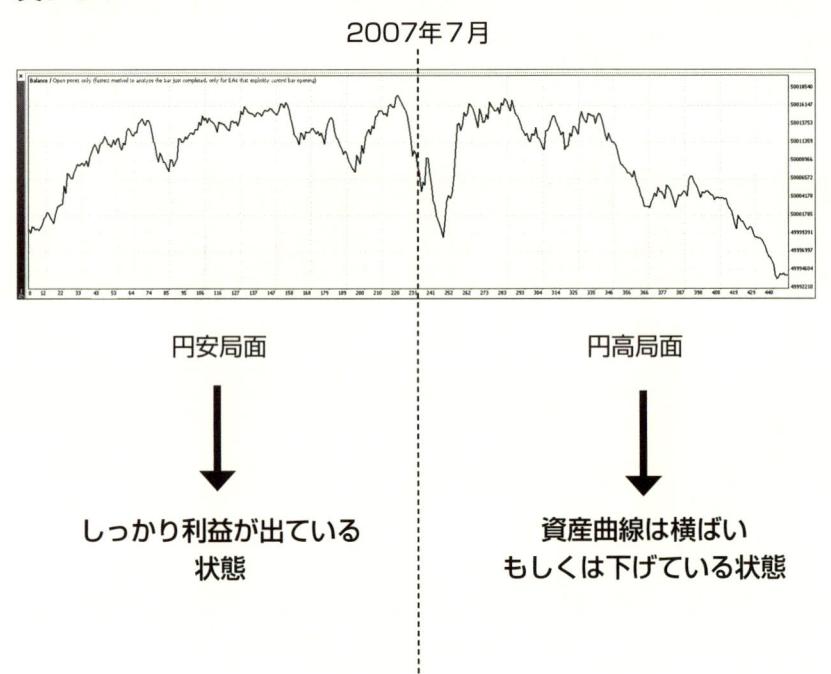

2007年7月

円安局面　　　　　　　　円高局面

↓　　　　　　　　　　↓

しっかり利益が出ている　　資産曲線は横ばい
状態　　　　　　　　　　もしくは下げている状態

◆平均足の戦略(4時間足)

◎買いのみの場合

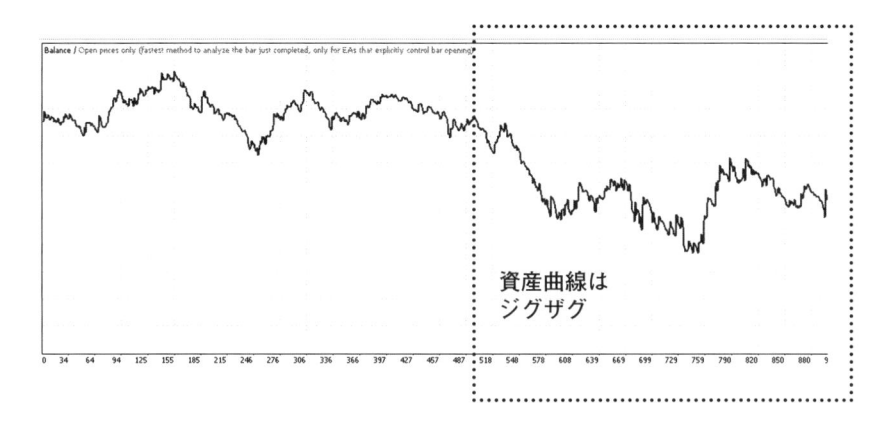

資産曲線は
ジグザグ

◎「売り」のみの場合

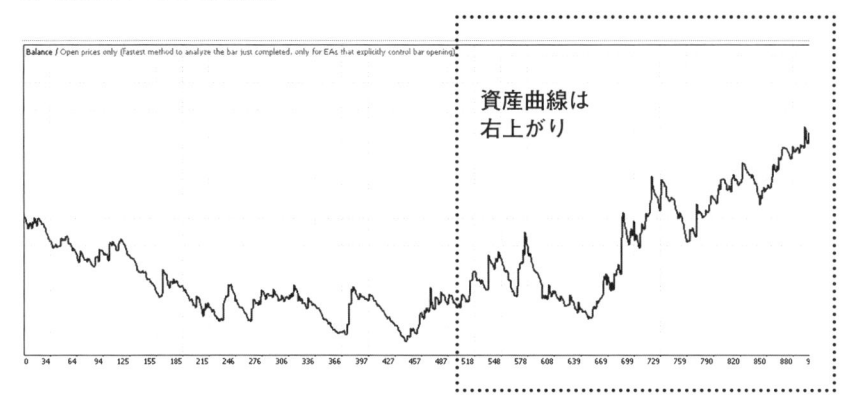

資産曲線は
右上がり

売りのほうがコストを回収できている

◆アクセラレーターの戦略(4時間足)

◎「買い」のみの場合

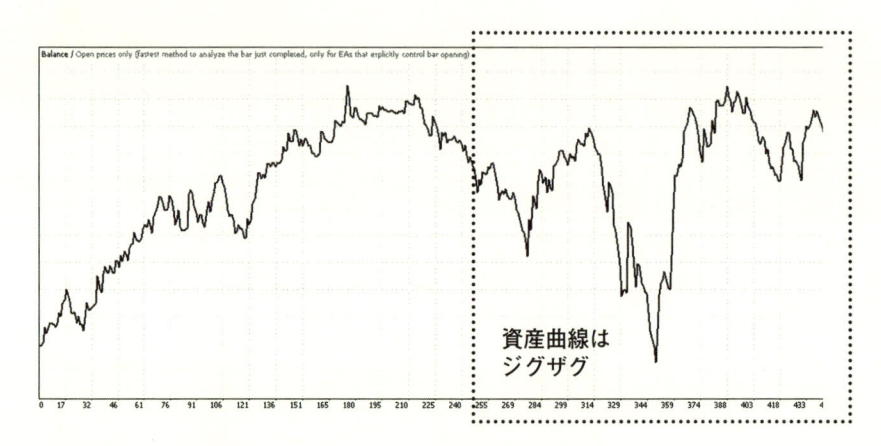

資産曲線はジグザグ

◎「売り」のみの場合

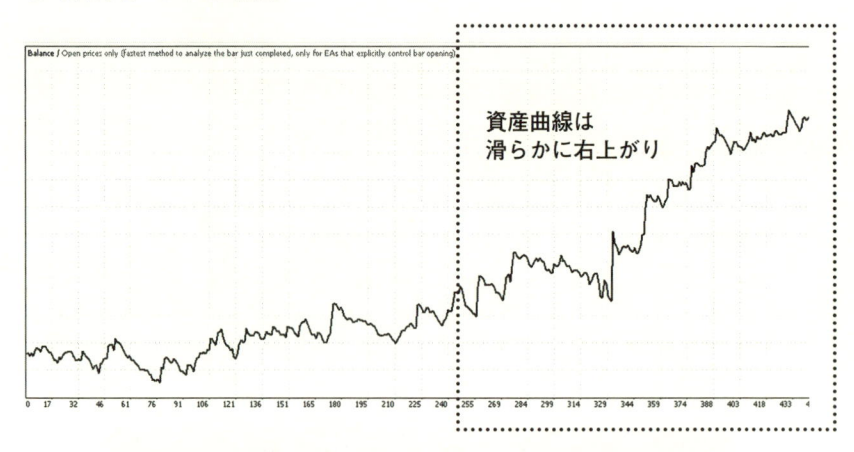

資産曲線は滑らかに右上がり

売りのほうがコストを回収できている

このように、「買いのみ」「売りのみ」だけで、システムを検証してみると、違った結果が得られます。気づきそうで気づきにくいところですので、皆さんもぜひ、試してみてください。

　特に相場の状況と照らし合わせてトレードを検証したいとき、今回のケースで言えば、円安、円高局面ではどうなっているのかなどを知りたいときには、必ず買いと売りを分けて検証します。売り買い一緒だと相場の状況と照らし合わせられないというのが正直なところですが、この戦略は買いのみでいけそうだ、この戦略は売りのみでいけそうだという情報は後できっと皆様の役に立つと思います。

　想定どおりに良い結果が出た場合でも、必ず「どうして良いのだろうか」、悪い結果が出た場合でも、「どうして悪いのだろうか」と考えますよね。良い時期、悪い時期を資産曲線の時期で区切って考えることで、どういう相場状況のときに良かったのか、悪かったのかを見つけ出す足がかりになると思います。

3 〜〜アイデア2〜〜 「マルチタイムフレーム」を加えてみる

　アイデア2は「マルチタイムフレーム」についてです。この言葉自体の説明は後に回すとして、まずはこのアイデアを紹介しようと思ったきっかけをお話しします。

　アイデア1のところで「売りのみのほうが成績が良い」という結果が出ました。その理由を探ろうと、自分の負けた経験と向き合ってみたことがそもそもの始まりでした。

　為替の相場を見ていたときに、「上昇はゆっくり、下落は急激に」という印象をもっていた私。端的に言うと「ゆっくり、ドッカン」です。ここに、「売りのほうが好成績」のヒントがあるように感じました。つまり「上昇トレンド中の急激な下落が利いているからこそ、買いよりも売りのほうが良いのではないか」と……。

　そこで、週足のMACDで「ゆっくり」を、時間足のMACDで「急激に」をイメージして仮説を立て、売りの戦略を中心に検証をしてみることにしました。

上昇はゆっくり（上昇トレンドは長め）

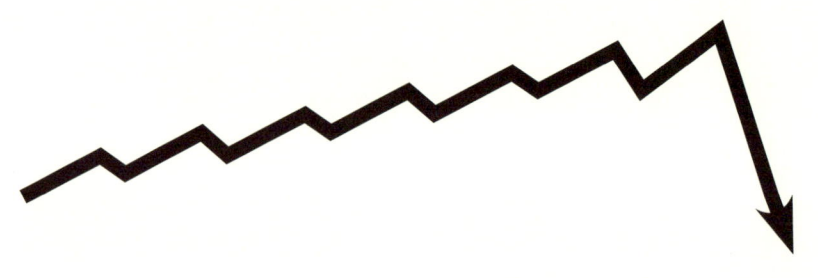

下落は急激（下落トレンドは短め）

まずMACDのパラメーターを変えてみたところ、仮説が証明できているかまったく分からなかったため、テクニカルのパラメーターを変えずに検証する方法がないかと探し始めます。その理由は、テクニカルのパラメーターを変更した結果、出てきた数字を見ても頭が悪い私にはどうして良いのか、なぜ悪いのか判断できなかったから、というのが正直なところです。
　当時の私の日記を一部ご紹介します。

> 夕食は本日も納豆ご飯。今日は検証した結果が理解できた。少しずつだが、前進している感覚あり。売り戦略、買い戦略で分けて検証することで、マーケットの特性の検証の足がかりになるのでは？
> これなら自分にもできるし、理解して進める気がする。理解できる範囲内でやることで、仮説やアイデアが浮かぶようになった。しかし、他人と違うことをやっているという感覚はなし。何か新しい発想はないか？

　パラメーターを変える日々を送っていても「どうしてパフォーマンスが良くなるのか」の理由は分かりませんでした。
　パラメーターの数値の変更を繰り返しても繰り返しても、自分なりの一定の答えを出すことができず、いつまでたっても堂々巡りだったため、本やインターネットで、パラメーターを変更する以外のアイデアを調べたりしていました。
　特に、海外のトレーダーがどうしているのかが気になって、海外の投資に関する掲示板やサイトをよく見ていました。私のつたない英語力では英和辞書を片手に「こんなことが書いてあるのではないかな？」と想像しながら読んでいくしかありませんでした。

苦戦しつつも、掲示板の読み込みを続けていると、あるとき「マルチタイムフレーム」なるものが紹介されているのを見つけたのです。
　どうやらマルチタイムフレームとは、テクニカルのパラメーターを変えずに、2つ以上の時間軸を使ってトレードをする、というもののようでした。例えば、「4時間足と週足の2つの条件が揃ったら売買することができる」のです。
　これを見たとき、4時間足のMACDでは短めの下落トレンド（急激）を指し示していて（MACDがシグナルよりも下にある状態）、かつ、週足のMACDでは長めの上昇トレンド（ゆっくり）を指し示しているとき（MACDがシグナルよりも上にある状態）に売りエントリーをしたら、仮説の検証ができると思いました。
　週足で長めの上昇トレンドを表現、4時間足で短めの下落トレンドを表現、条件が合致したら売りエントリーという検証です。検証結果は後ほどご紹介します。このときのイメージは以下のとおりです。

◆素のシステムに条件を"足す"ことで使えるシステムにできないか

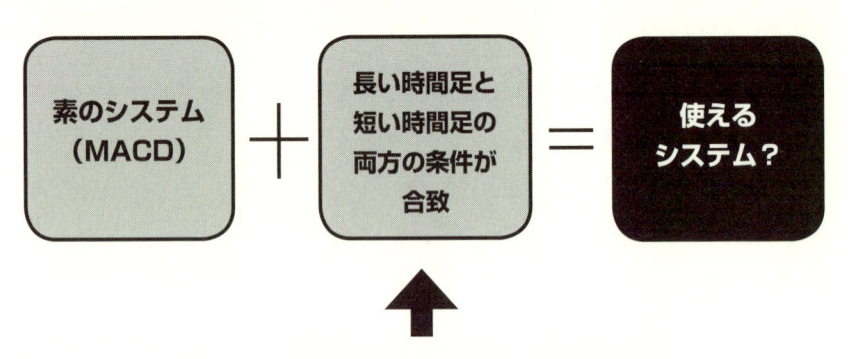

素のシステム（MACD） ＋ 長い時間足と短い時間足の両方の条件が合致 ＝ 使えるシステム？

↑
マルチタイムフレームという条件（制限）を**足す**

先に、マルチタイムフレームの説明から始めましょう。マルチタイムフレームとは、先述したように、2つ以上の時間軸を使うものです。
　例えば、5分足のRSIと日足のRSIを使うなど、異なるタイムフレーム（時間軸）でテクニカル分析を行うことで、短期的な分析と長期的な分析の両方を行い、短期と長期が一致したとき、すなわち、5分足と日足のRSIが30以下になったときに買うなどが一例として挙げられます。そのため、5分足のRSIが30以下になっても、日足のRSIが30以下にならなければ売買はせず、両方の条件を満たした場合に売買ができます。

【イメージ：短期時間足と長期時間足の両方でテクニカル分析を行う】

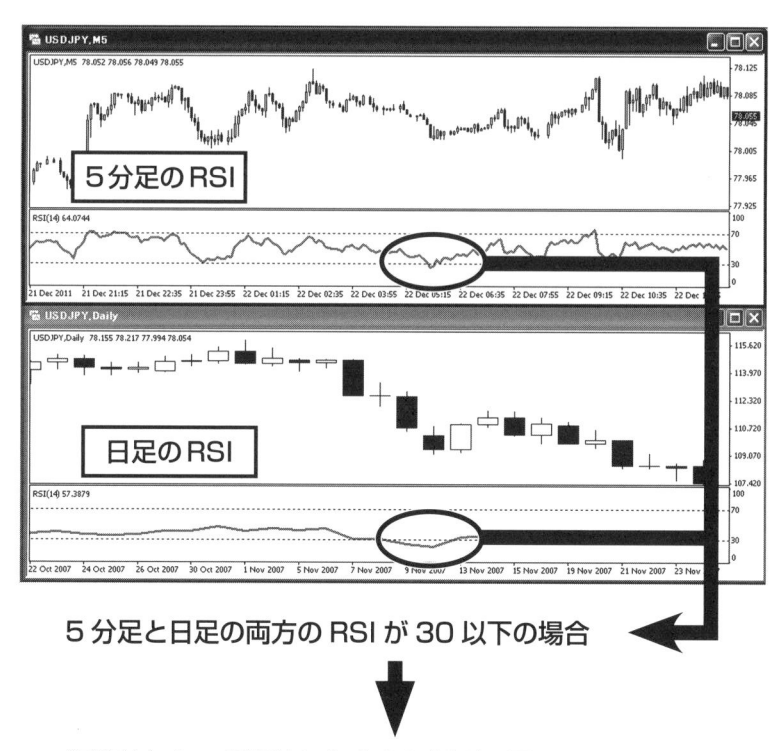

5分足のRSI

日足のRSI

5分足と日足の両方のRSIが30以下の場合

短期的にも、長期的にも売られ過ぎ＝買いエントリー！

iCustom関数を使えば、このマルチタイムフレームの検証が比較的簡単にできます。実際に検証する方法は後ほど紹介いたします。ここでは、iCustom関数の項目の２番目を変えればいいのかとイメージしていただくだけで結構です。つまり「比較的簡単にできそうだ！」と思っていただければ幸いです。

iCustom(NULL, **0**, "RSI",12,0,1);

タイムフレームを指定する項目

◆タイムフレーム一覧

記　号	意　味
1	1分足
5	5分足
15	15分足
30	30分足
60	60分足
240	4時間足
1440	日　足
10080	週　足
43200	月　足
0	プログラムを適用したチャート上のタイムフレーム

　さて、検証の話に戻ります。仮説は「長めの上昇トレンドののち、短めの下落トレンドが発生したら、さらにコストが回収できるのではないか？」というものです。

具体的には、「長めの上昇（ゆっくり）＝週足のMACDが上昇（MACDがシグナルよりも上にある状態）」とし、「短めの下落（急激）＝4時間足のMACDが下落（MACDがシグナルよりも下にある状態）」として、売りエントリーを行ってみました。

◆週足のMACD

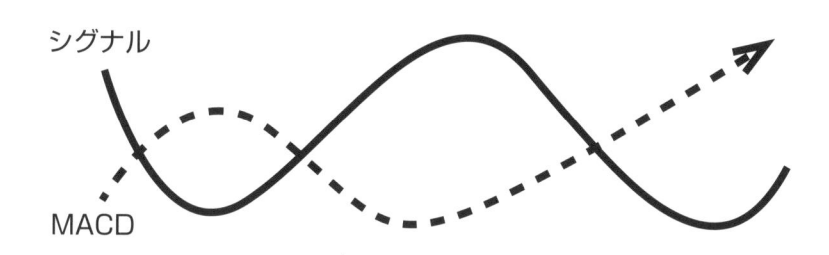

➡ 週足のMACDは上昇トレンドを示している

◆4時間足のMACD

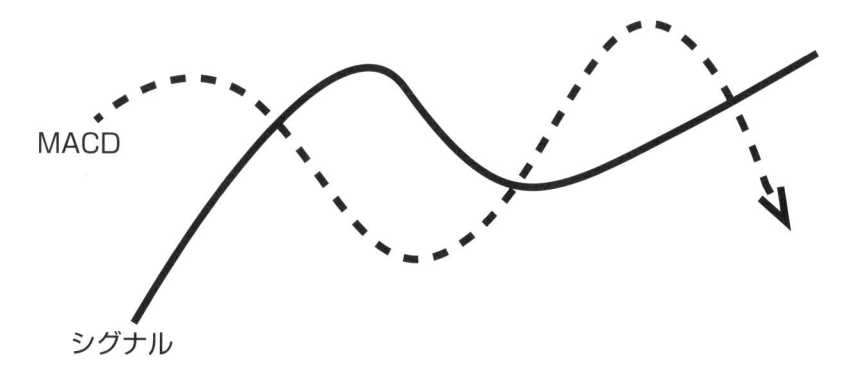

➡ 4時間足のMACDは下落トレンドを示している

◆ MACD マルチタイムフレーム戦略のイメージ図

~仮説~
MACD は上昇トレンドの中にある急激な下落をとらえているから
相場が上昇していてもある一定のコストを回収しやすいのでは？

↓ 仮説を検証するための条件とは

週足では MACD がシグナルの下＝（長期的な）上昇トレンド
4時間足では MACD がシグナルの下＝（短期的な）下落トレンド

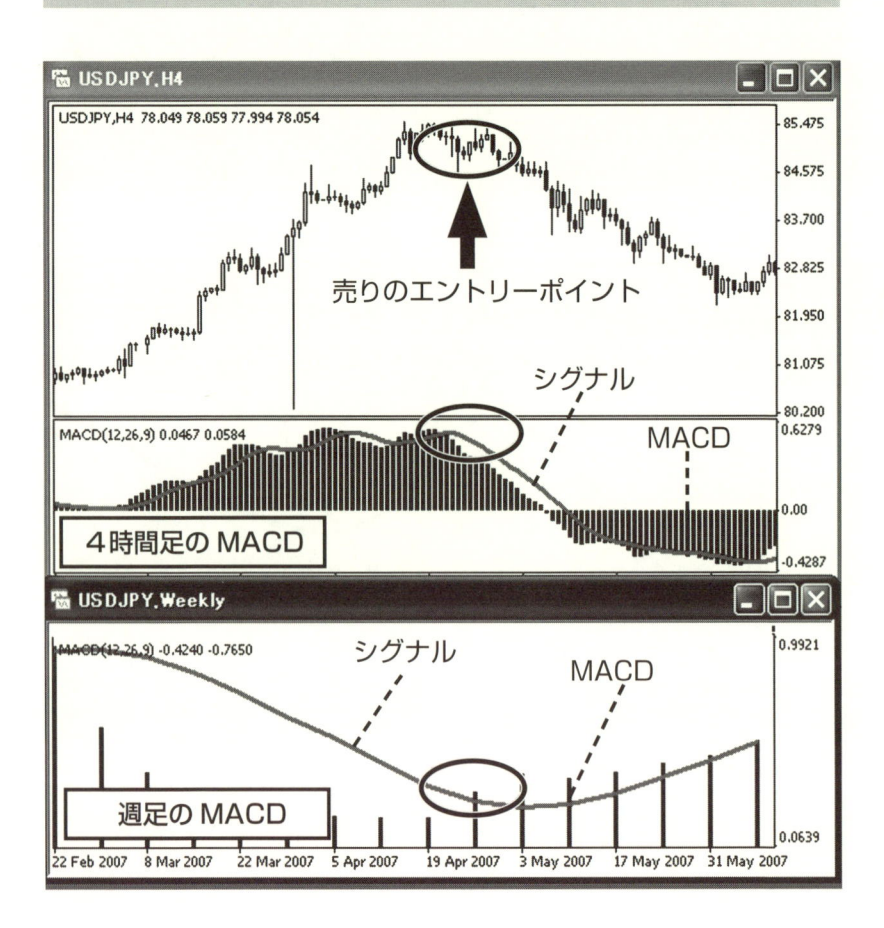

◆売りのみ

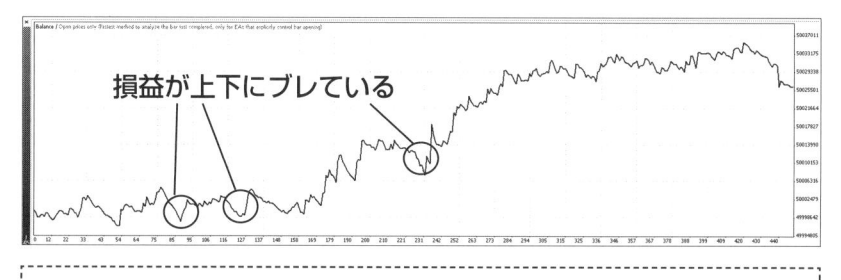

損益が上下にブレている

```
4時間足　ドル円
MACD（期間：12、26）がシグナル（期間：9）を下回ったら、売り。
```

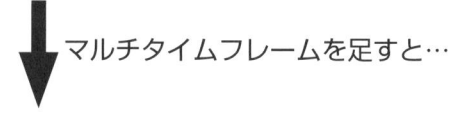

↓マルチタイムフレームを足すと…

◆売りのみ＋マルチタイムフレーム

損益が上下にブレなくなった

```
4時間足と週足　ドル円
週足のMACD（期間：12、26）がシグナル（期間：9）を上回っている　かつ
4時間足のMACD（期間：12、26）がシグナル（期間：9）を下回っていたら　売り。
```

　条件を足したため、トレード回数が少なくなりました。それとともに、大きく勝ったり負けたりと損益が上下にブレることが少なくなり、継続してコストが回収しやすくなりました。事実、資産曲線のデコボコも減少しています。また、トレード回数を絞ったことで1回当たりの平均利益が大きくなりました。小学生なみの感想ですが、自分で仮説を立て、少し結果が出たことが何よりもうれしかったのです。

マルチタイムフレーム　プログラム編

◆売りエントリー条件

```
iCustom(NULL,0,"MACD",12,26,9,0,1) <
iCustom(NULL,0,"MACD",12,26,9,1,1)   ①
&&
 iCustom(NULL,10080,"MACD",12,26,9,0,1) >
 iCustom(NULL,10080,"MACD",12,26,9,1,1)   ②
```

↓ 日本語にすると……

1本前の4時間足のMACDが1本前の4時間足のシグナルより小さい ①
かつ、1本前の週足のMACDが1本前の週足のシグナルより大きい ②

◆売りポジションのエグジット条件

```
iCustom(NULL,0,"MACD",12,26,9,0,1) >
iCustom(NULL,0,"MACD",12,26,9,1,1)
```

↓ 日本語にすると……

1本前の4時間足のMACDが1本前の4時間足のシグナルより大きい

解説

マルチタイムフレームのタイムフレーム（時間軸）を変更するには下記の数字部分を変更します。

タイムフレーム
↓
iCustom(NULL,**10080**,"MACD",12,26,9,0,1)

例えば週足であれば「10080」、1時間足であれば「60」と入力します。

記号	意味
1	1分足
5	5分足
15	15分足
30	30分足
60	60分足
240	4時間足
1440	日足
10080	週足
43200	月足
0	プログラムを適用したチャート上のタイムフレーム

なお、「0」と入力するとプログラムを適用したチャート上のタイムフレームになります。すなわち5分足チャートに適用すれば5分足、4時間足チャートに適用すれば4時間足になります。

iCustom の丸カッコの中身の確認

　iCustom 関数については前作で詳細にご紹介しましたが、ここでも簡単に復習しておきましょう。iCustom 関数の ( ) の中身は次のようになっています。

```
          ①              ②            ③
iCustom （通貨ペア名 , タイムフレーム , インディケータ名 ,
        パラメーター設定 , ライン番号 , 過去へのシフト数）;
          ④              ⑤            ⑥
```

①1番目は通貨ペア名を記述する
インディケータをどの通貨ペアに適用して変身するかを記述。

②2番目はタイムフレームを記述する
インディケータをどのタイムフレームに適用して変身するかを記述。

③3番目はインディケータ名を記述する
どのインディケータに変身するかを記述。

④4番目はパラメーター設定を記述する
インディケータのパラメーターをいくつに設定して変身するかを記述。

⑤5番目はライン番号を記述する
どのラインに変身するのかを0～7で記述。

⑥6番目は過去へのシフト数を記述する
何本前のバーのインディケータに変身するかを記述。

マルチタイムフレーム　プログラム文　その1

※注目：下記のプログラムを4時間足に適用

```
// マジックナンバーの定義
#define MAGIC  2

// パラメーターの設定 //
extern double Lots = 1.0;      // 取引ロット数
extern int Slip = 10;          // 許容スリッページ数
extern string Comments =  ""; // コメント

// 変数の設定 //
int Ticket_L = 0; // 買い注文の結果をキャッチする変数
int Ticket_S = 0; // 売り注文の結果をキャッチする変数
int Exit_L = 0;   // 買いポジションの決済注文の結果をキャッチする変数
int Exit_S = 0;   // 売りポジションの決済注文の結果をキャッチする変数


int start()
 {

// 買いエントリー及び買いポジションのエグジットのプログラムを有効
// にする場合は、該当プログラムの /* と */ を消去してからコンパイル
// してください。

/*
  // 買いポジションのエグジット
  if(    ■■■■
      && ( Ticket_L != 0 && Ticket_L != -1 ))
  {
     Exit_L = OrderClose(Ticket_L,Lots,Bid,Slip,Red);
     if( Exit_L ==1 ) {Ticket_L = 0;}
  }
*/
```

次ページへ

マルチタイムフレーム　プログラム文　その２

```
    // 売りポジションのエグジット
    if( iCustom(NULL,0,"MACD",12,26,9,0,1) >
        iCustom(NULL,0,"MACD",12,26,9,1,1)
        && ( Ticket_S != 0 && Ticket_S != -1 ))
    {
        Exit_S = OrderClose(Ticket_S,Lots,Ask,Slip,Blue);
        if( Exit_S ==1 ) {Ticket_S = 0;}
    }

/*
    // 買いエントリー
    if(    ▲▲▲▲
        && ( Ticket_L == 0 || Ticket_L == -1 )
        && ( Ticket_S == 0 || Ticket_S == -1 ))
    {
        Ticket_L = OrderSend(Symbol(),OP_BUY,
                             Lots,Ask,Slip,0,0,Comments,MAGIC,0,Red);
    }
*/

    // 売りエントリー
    if(  iCustom(NULL,0,"MACD",12,26,9,0,1) <
         iCustom(NULL,0,"MACD",12,26,9,1,1)
         && iCustom(NULL,10080,"MACD",12,26,9,0,1) >
         iCustom(NULL,10080,"MACD",12,26,9,1,1)
         && ( Ticket_S == 0 || Ticket_S == -1 )
         && ( Ticket_L == 0 || Ticket_L == -1 ))
    {
        Ticket_S = OrderSend(Symbol(),OP_SELL,
                             Lots,Bid,Slip,0,0,Comments,MAGIC,0,Blue);
    }

    return(0);
}
```

4 〜〜アイデア3〜〜
チャートパターンを使ってみる

　今回は、素のMACDシステムに「チャートパターン」という条件を足したらどうなるのかについてのお話です。

　前節で紹介したマルチタイムフレームを勉強しながら、さらなる高みを目指して日夜トレードの研究をしていくうちに、私は、ラリー・ウィリアムズという世界的に有名なシステムトレーダーを知りました。

　ご存知の方も多いと思いますが、彼は1987年のリアルマネートレードコンテストで113.76倍という驚異のリターンをたたき出して優勝し、世界にその名をとどろかせた人です。コンテストは毎年開催されますが、なんと、いまだにこの記録は破られていないそうです。

　彼の業績もさることながら、注目すべきはその投資法です。例えば「前日が陰線だったら翌日は○％の確率で陽線になる」というような、一見すると、あやしい占い師のようなことを言います。しかし、これは過去データに基づいた非常に単純明快な理論をベースとした投資法で、私でも理解できるようなものばかりなのです。

　彼の検証対象の多くは株や先物ですが、人の思惑が絡む以上、為替相場にも応用できるのではないかと考え、私もドル円で彼と同じような検証ができないかと、検証のやり方を本で調べ、エクセルで行ってみました。すると、ドル円では、前日が陽線だった場合、翌日は比較的陰線になりやすいことが分かりました。

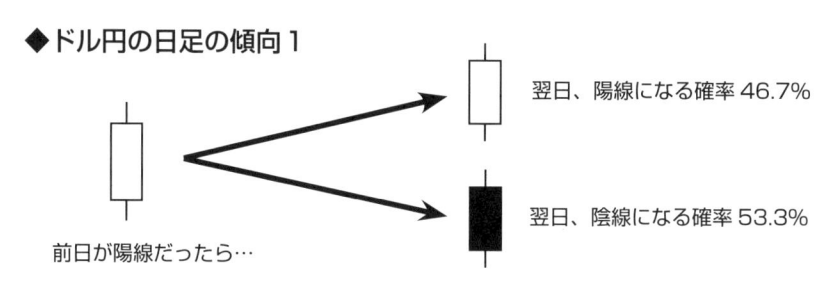

◆ドル円の日足の傾向1

前日が陽線だったら…　→　翌日、陽線になる確率 46.7%
　　　　　　　　　　　→　翌日、陰線になる確率 53.3%

このチャートパターンの傾向をテクニカル分析に生かせないだろうかと考え、これまで検証してきたMACDの売り戦略と組み合わせてみました。

　具体的に言いますと、「前日が陽線であれば翌日は陰線になりやすい傾向がありそうだ」ということで、前日が陽線のときにだけ、MACDの売り戦略を行ってみました。そうすることでトレード回数も絞れてコストが回収しやすいのではないかと考えたのです。このときのイメージは以下のとおりです。

◆素のシステムに条件を"足す"ことで使えるシステムにできないか

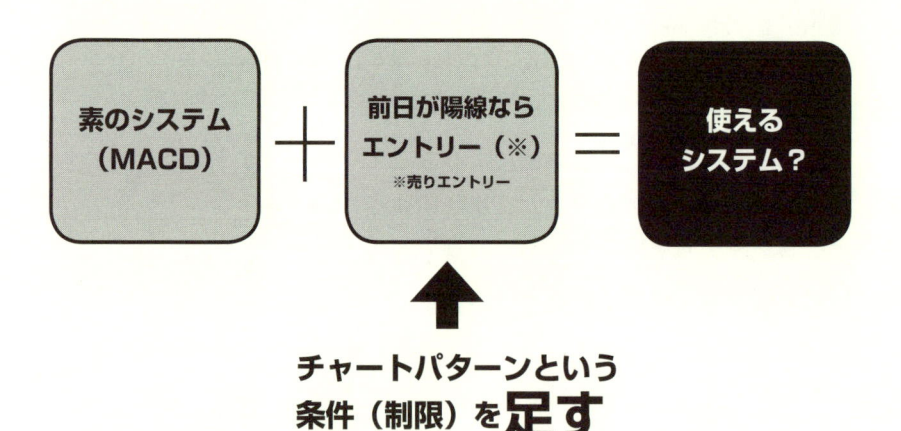

素のシステム（MACD） ＋ 前日が陽線ならエントリー（※）※売りエントリー ＝ 使えるシステム？

↑
チャートパターンという条件（制限）を足す

　結果は次ページのとおりです。この検証結果で注目したのは直近のトレード結果です。直近の資産曲線のへこみがなくなったことで、直近の大きな負けを回避できていることに興味を持ちました。

　なお、次ページに載せているのは、「前日に陽線であれば、翌日に売る」という戦略のプログラム文です。

◆売りのみ

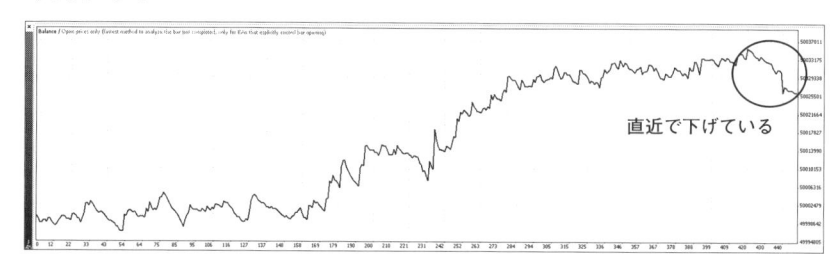

直近で下げている

```
4時間足　ドル円
MACD（期間：12、26）がシグナル（期間：9）を下回ったら、売り。
```

⬇

前日、陽線のときのみトレードする

◆売りのみ＋前日陽線

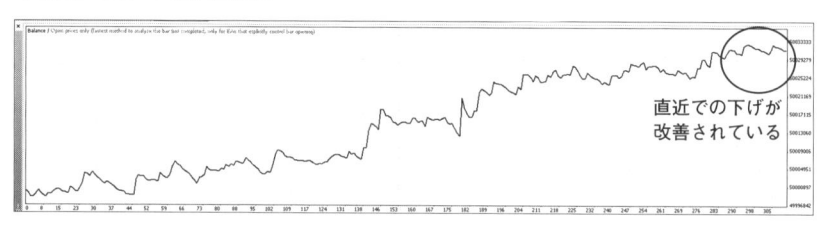

直近での下げが
改善されている

```
4時間足　ドル円
前日が陽線　かつ
MACD（期間：12、26）がシグナル（期間：9）を下回っていたら、売り。
```

前日陽線の要素を足すと、売りのみのときよりも
資産曲線は滑らかになる＝ブレが少ない

チャートパターン　プログラム編

◆売りエントリー条件

```
iCustom(NULL,0,"MACD",12,26,9,0,1) <
iCustom(NULL,0,"MACD",12,26,9,1,1)
                                    ①
&&
iOpen(NULL,1440,1) < iClose(NULL,1440,1)
                                         ②
```

日本語にすると……

1本前の4時間足のMACDが
1本前の4時間足のシグナルより小さい　①
かつ、前日の日足の始値より終値が高い（陽線）
　　　　　　　　　　　　　　　　　　　　②

◆売りポジションのエグジット条件

```
iCustom(NULL,0,"MACD",12,26,9,0,1) >
iCustom(NULL,0,"MACD",12,26,9,1,1)
```

日本語にすると……

1本前の4時間足のMACDが1本前の4時間足のシグナルより大きい

解説

　「陽線」はプログラムでは「始値＜終値」と記述します。そして、「始値」は「Open[1]」、「終値」は「Close[1]」と記述します。

　EA を 4 時間足に適用している場合、「Open[1]」は 4 時間足の始値を、「Close[1]」は終値を表します。しかし、今回は EA を 4 時間足に適用しながら日足の始値と終値を表現する必要があります。

　EA を適用しているチャートの時間とは異なるタイムフレームの始値や終値を表現するには「iOpen」関数、「iClose」関数を使用します。

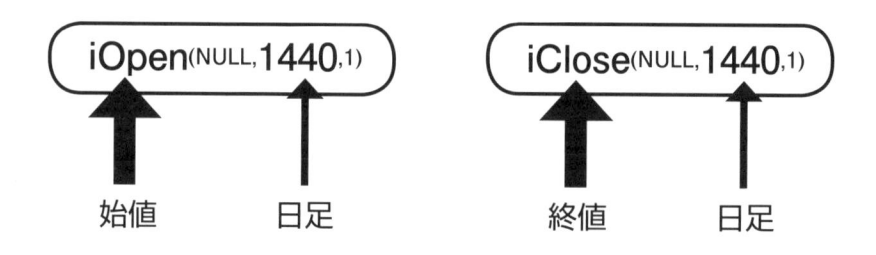

iOpen(NULL,1440,1)　　　　iClose(NULL,1440,1)
　↑　　　　↑　　　　　　　　↑　　　　↑
　始値　　日足　　　　　　　終値　　日足

　「前日の始値　＜　前日の終値」はプログラムで下記のように表します。

iOpen(NULL,1440,1)　＜　iClose(NULL,1440,1)

さらに「直近の損益のバラつきを少なくするためには？」と考え、「前日が陽線で、前々日も陽線」であったケースについてもエクセルで調べてみると、前日が陽線のみよりも次の日は高い確率で陰線になることが分かりました。

◆ドル円の日足の傾向2

前々日、および
前日が陽線だったら…

翌日、陽線になる確率 41.8%

翌日、陰線になる確率 58.2%

　上図の結果をさらにMACDの売り戦略に追加してみます。具体的には、前日と前々日が陽線であれば翌日は陰線になりやすいわけですから、前日と前々日が陽線のときにだけMACDの売り戦略を行ってみました。
　結果は次ページのとおりです。直近の損益については、少し改善。全体的には資産曲線が滑らかになり、大きく負けたり勝ったりとジェットコースターのようにハラハラドキドキすることなく、より安心してシステムトレードができそうです。さすが相場の神様、ラリー・ウィリアムズです。本のアイデアを実際にプログラムして試せることもシステムトレードの醍醐味のひとつです。

◆売りのみ＋前日陽線

```
4時間足　ドル円
前日が陽線　かつ
MACD（期間：12、26）がシグナル（期間：9）を下回っていたら　売り。
```

↓ 前日と前々日が
陽線のときのみトレードする

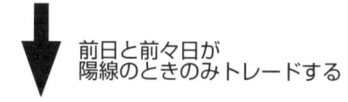

◆売りのみ＋前日および前々日陽線

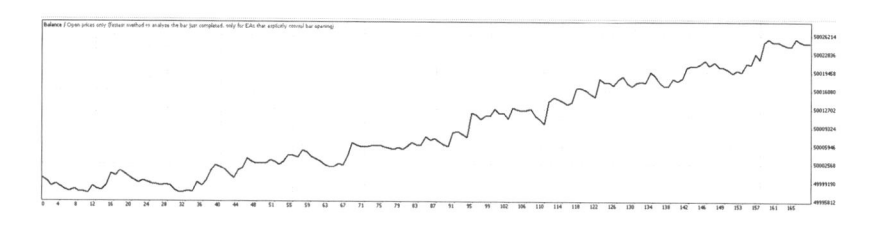

```
4時間足　ドル円
前日が陽線　かつ　前々日が陽線　かつ
MACD（期間：12、26）がシグナル（期間：9）を下回っていたら　売り。
```

前々日陽線の要素を足すと、「前日陽線＋売りのみ」のときよりもさらに資産曲線は滑らかになる＝さらにブレが少なくなる

チャートパターン2　プログラム編

◆売りエントリー条件

```
    iCustom(NULL,0,"MACD",12,26,9,0,1) <
    iCustom(NULL,0,"MACD",12,26,9,1,1)     ①
 && iOpen(NULL,1440,1) < iClose(NULL,1440,1)  ②
 && iOpen(NULL,1440,2) < iClose(NULL,1440,2)  ③
```

↓ 日本語にすると……

1本前の4時間足のMACDが
1本前の4時間足のシグナルより小さい　①
かつ、前日の日足の始値より終値が高い（陽線）　②
かつ、前々日の日足の始値より終値が高い（陽線）　③

◆売りポジションのエグジット条件

```
iCustom(NULL,0,"MACD",12,26,9,0,1) >
iCustom(NULL,0,"MACD",12,26,9,1,1)
```

↓ 日本語にすると……

1本前の4時間足のMACDが1本前の4時間足のシグナルより大きい

解説

　前日、前々日の始値や終値を表現するのは、iOpen 関数、iClose 関数の（）の中の最後の数字を変えるだけです。

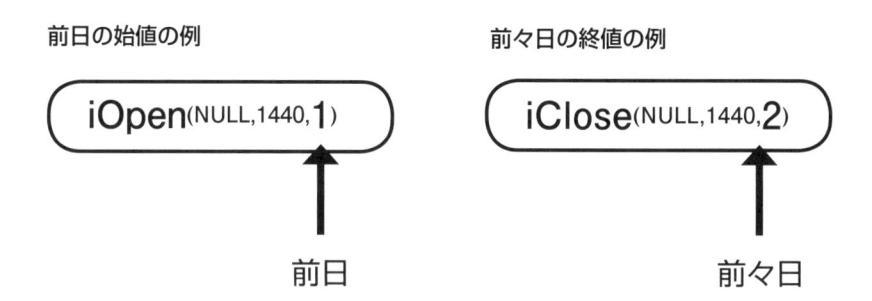

前日の始値の例

iOpen(NULL,1440,**1**)

↑
前日

前々日の終値の例

iClose(NULL,1440,**2**)

↑
前々日

　始値と終値だけでなく、高値、安値も iHigh 関数、iLow 関数を使って同様に表現することができます。4本値をプログラムできればさまざまなチャートパターンを表現することができます。

◆つつみ線のプログラム例

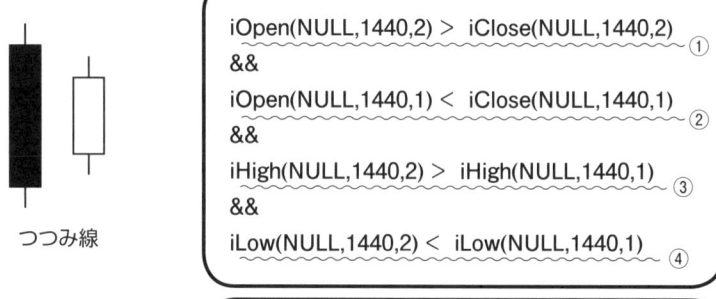

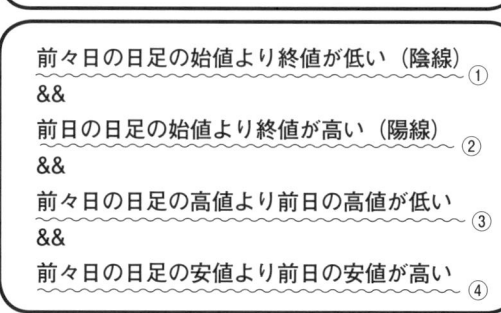

つつみ線

```
iOpen(NULL,1440,2) > iClose(NULL,1440,2)    ①
&&
iOpen(NULL,1440,1) < iClose(NULL,1440,1)    ②
&&
iHigh(NULL,1440,2) > iHigh(NULL,1440,1)     ③
&&
iLow(NULL,1440,2) < iLow(NULL,1440,1)       ④
```

前々日の日足の始値より終値が低い（陰線）　①
&&
前日の日足の始値より終値が高い（陽線）　②
&&
前々日の日足の高値より前日の高値が低い　③
&&
前々日の日足の安値より前日の安値が高い　④

MACD+チャートパターン（前日陽線）プログラム文　その1

※注目：下記のプログラムを4時間足に適用

```
// マジックナンバーの定義
#define MAGIC  3

// パラメーターの設定 //
extern double Lots = 1.0;      // 取引ロット数
extern int Slip = 10;          // 許容スリッページ数
extern string Comments = "";   // コメント

// 変数の設定 //
int Ticket_L = 0; // 買い注文の結果をキャッチする変数
int Ticket_S = 0; // 売り注文の結果をキャッチする変数
int Exit_L = 0;   // 買いポジションの決済注文の結果をキャッチする変数
int Exit_S = 0;   // 売りポジションの決済注文の結果をキャッチする変数


int start()
 {

// 買いエントリー及び買いポジションのエグジットのプログラムを有効
// にする場合は、該当プログラムの /* と */ を消去してからコンパイル
// してください。

/*
  // 買いポジションのエグジット
  if(    ■■■■
     && ( Ticket_L != 0 && Ticket_L != -1 ))
  {
    Exit_L = OrderClose(Ticket_L,Lots,Bid,Slip,Red);
    if( Exit_L ==1 ) {Ticket_L = 0;}
  }
*/
```

次ページへ

MACD+チャートパターン（前日陽線）プログラム文　その2

```
  // 売りポジションのエグジット
  if(   iCustom(NULL,0,"MACD",12,26,9,0,1) >
        iCustom(NULL,0,"MACD",12,26,9,1,1)
     && ( Ticket_S != 0 && Ticket_S != -1 ))
  {
    Exit_S = OrderClose(Ticket_S,Lots,Ask,Slip,Blue);
    if( Exit_S ==1 ) {Ticket_S = 0;}
  }


/*
  // 買いエントリー
  if(   ▲▲▲▲
     && ( Ticket_L == 0 || Ticket_L == -1 )
     && ( Ticket_S == 0 || Ticket_S == -1 ))
  {
    Ticket_L = OrderSend(Symbol(),OP_BUY,
                Lots,Ask,Slip,0,0,Comments,MAGIC,0,Red);
  }
*/

  // 売りエントリー
  if(   iCustom(NULL,0,"MACD",12,26,9,0,1) <
        iCustom(NULL,0,"MACD",12,26,9,1,1)
     && iOpen(NULL,1440,1) < iClose(NULL,1440,1)
     && ( Ticket_S == 0 || Ticket_S == -1 )
     && ( Ticket_L == 0 || Ticket_L == -1 ))
  {
    Ticket_S = OrderSend(Symbol(),OP_SELL,
                Lots,Bid,Slip,0,0,Comments,MAGIC,0,Blue);
  }


  return(0);
}
```

MACD+チャートパターン（前々日陽線）プログラム文　その1

※注目：下記のプログラムを4時間足に適用

```
// マジックナンバーの定義
#define MAGIC  4

// パラメーターの設定 //
extern double Lots = 1.0;      // 取引ロット数
extern int Slip = 10;          // 許容スリッページ数
extern string Comments = ""; // コメント

// 変数の設定 //
int Ticket_L = 0; // 買い注文の結果をキャッチする変数
int Ticket_S = 0; // 売り注文の結果をキャッチする変数
int Exit_L = 0;   // 買いポジションの決済注文の結果をキャッチする変数
int Exit_S = 0;   // 売りポジションの決済注文の結果をキャッチする変数


int start()
 {


// 買いエントリー及び買いポジションのエグジットのプログラムを有効
// にする場合は、該当プログラムの /* と */ を消去してからコンパイル
// してください。


/*
  // 買いポジションのエグジット
  if(  ■■■■
     && ( Ticket_L != 0 && Ticket_L != -1 ))
  {
    Exit_L = OrderClose(Ticket_L,Lots,Bid,Slip,Red);
    if( Exit_L ==1 ) {Ticket_L = 0;}
  }
*/
```

次ページへ

MACD+チャートパターン（前々日陽線）プログラム文　その２

```
   // 売りポジションのエグジット
   if(  iCustom(NULL,0,"MACD",12,26,9,0,1) >
        iCustom(NULL,0,"MACD",12,26,9,1,1)
      && ( Ticket_S != 0 && Ticket_S != -1 ))
   {
     Exit_S = OrderClose(Ticket_S,Lots,Ask,Slip,Blue);
     if( Exit_S ==1 ) {Ticket_S = 0;}
   }

/*
   // 買いエントリー
   if(  ▲▲▲▲
      && ( Ticket_L == 0 || Ticket_L == -1 )
      && ( Ticket_S == 0 || Ticket_S == -1 ))
   {
     Ticket_L = OrderSend(Symbol(),OP_BUY,
                          Lots,Ask,Slip,0,0,Comments,MAGIC,0,Red);
   }
*/

   // 売りエントリー
   if(  iCustom(NULL,0,"MACD",12,26,9,0,1) <
        iCustom(NULL,0,"MACD",12,26,9,1,1)
      && iOpen(NULL,1440,1) < iClose(NULL,1440,1)
      && iOpen(NULL,1440,2) < iClose(NULL,1440,2)
      && ( Ticket_S == 0 || Ticket_S == -1 )
      && ( Ticket_L == 0 || Ticket_L == -1 ))
   {
     Ticket_S = OrderSend(Symbol(),OP_SELL,
                          Lots,Bid,Slip,0,0,Comments,MAGIC,0,Blue);
   }


   return(0);
}
```

5	～～アイデア4～～ 利益確定・ロスカットを入れてみる

　今回は、利益確定＆ロスカットを考慮する話です。例のごとく、MACDで説明します。

　利益確定とロスカットを試してみようと考えた理由は、「買いのみ＆売りのみ」「マルチタイムフレーム」「チャートパターン」などで試したように、エントリー条件とエグジット条件を制限すると、少なくともコストは回収できそうな売買ロジックができそうだと実感できたためです。そのときの頭の中のイメージは以下のとおりです。

◆素のシステムに条件を"足す"ことで使えるシステムにできないか

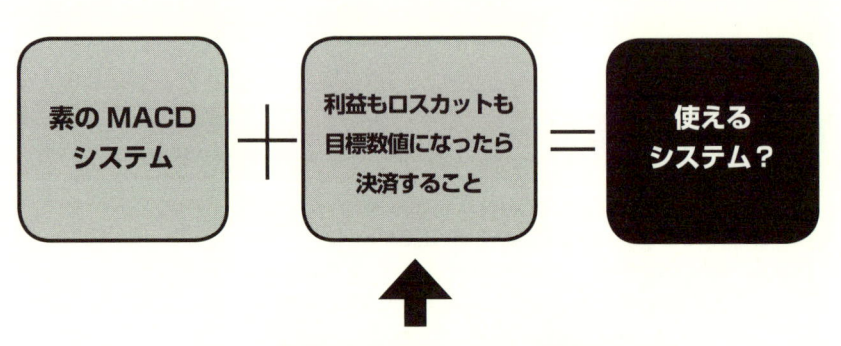

素のMACDシステム ＋ 利益もロスカットも目標数値になったら決済すること ＝ 使えるシステム？

↑
利益（ロスカット）確定という
条件（制限）を**足す**

　まずは利益確定です。どれぐらいの利益確定がよいものか見当もつかないので、最適化をしてみたところ1600ポイント（160pips）がベストな値でした。

　次ページの資産曲線を見てください。

◆売りのみ＋前日および前々日陽線

なだらかな右上がり

利益確定を入れると、

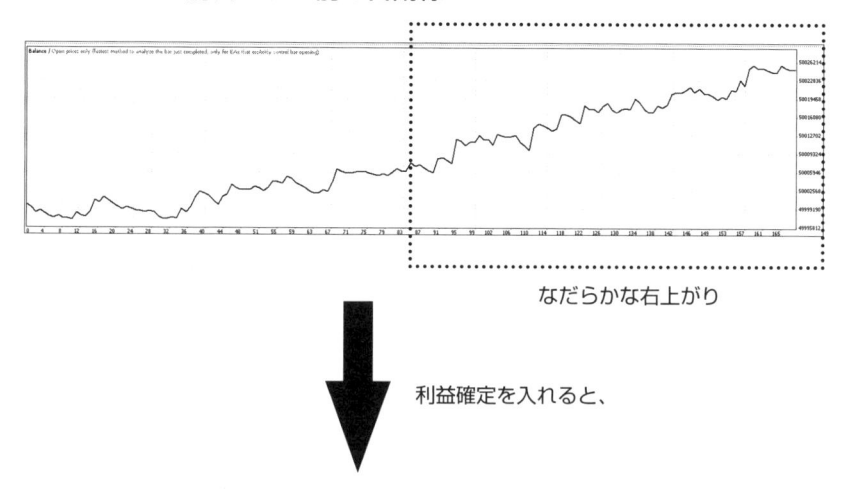

◆売りのみ＋前日および前々日陽線＋利益確定 160pips

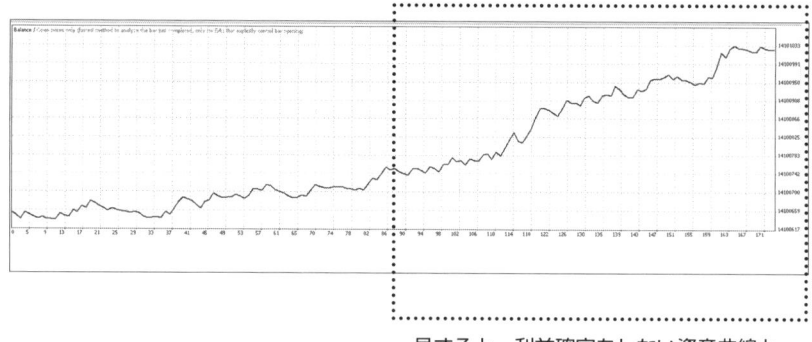

一見すると、利益確定をしない資産曲線と
あまり変わりがないようですが……

　一見すると「利益確定を入れないほうがきれいな右肩上がりなのでは？」と思われてしまいそうですね。でも、飛びつき判断は身を滅ぼします。トレードの中身をよく見ないといけません。
　総損益は利益確定を入れる前の Before が 24889 ドル、利益確定を入れた After が 37079 ドルと約 1.5 倍に増加しています。プロフィットファクターも 1.53（Before）から 1.78（After）まで改善しました。

次にロスカットをつけてみます。ロスカットも最適化してみたところ、400ポイント（40pips）という値が浮かびあがってきました。

◆売りのみ＋前日および前々日陽線＋利益確定160pips
　　　　　　　＋ロスカット40pips

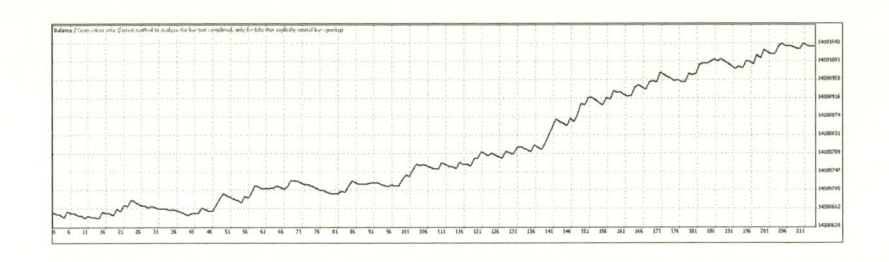

総損益はロスカットを入れる前のBeforeが37079ドル、ロスカットを入れたAfterが38179ドルとわずかに増加しています。プロフィットファクターも1.78（Before）から1.80（After）に改善しました。

ロスカットは比較的小さめの400ポイント（40pips）という結果になったことが好材料として挙げられると思いますが、まだ再考の余地ありです。

なぜなら、私にはロスカットを小さくしたために、損失を積み上げたという苦い経験があるからです。つまり、ロスカットを小さめに設定すると、パフォーマンスが悪化するケースが多々あるということです。具体的には次ページの上図のようなケースです。極論でお伝えしますと、ロスカットをしなかったほうが結果的に良いというケースが多々あるということです。

もう少し詳しく見ていきたいと思います。次ページの下図はメタトレーダーで最適化したときに出てくるレポートのひとつで、ロスカット値と総損益の関係を見ることができるものです。

つまり、2000ポイント（200pips）でロスカットを設定した場合は、

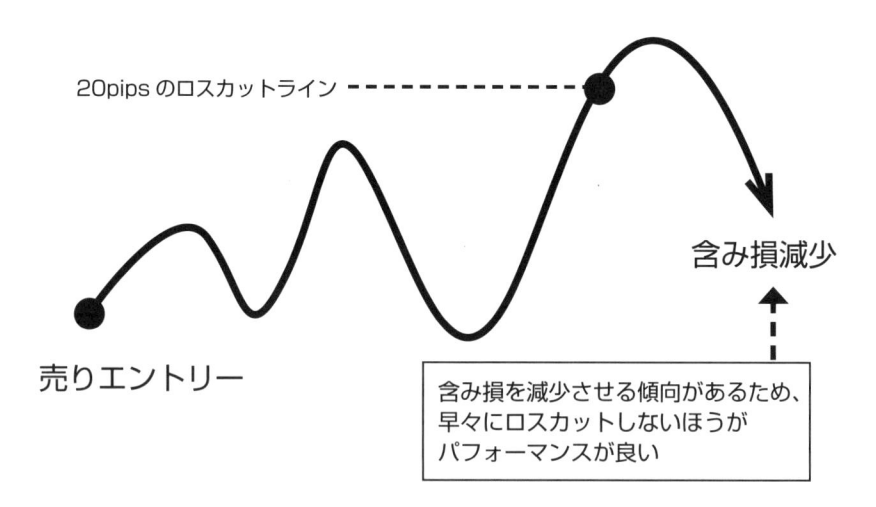

20pipsのロスカットライン ----●

含み損減少

売りエントリー

含み損を減少させる傾向があるため、
早々にロスカットしないほうが
パフォーマンスが良い

ロスカット値（ポイント）	総損益（ドル）
400	38180
900	37418
1600	37329
1700	37236
2000	36894
1900	36894
1800	36894
1000	36694
800	36657
1200	35024
1100	34760
1300	34679
500	34467
1400	34381
1500	34318
600	32340
700	31050
300	29523
200	24095
100	17853

総損益がいくつになる、1000ポイント（100pips）でロスカットを設定した場合は、総損益がいくつになるというのが分かるものです。

　40pips、90pips、160pips、170pipsというロスカットを設けることで、ロスカットを設けないときよりも総損益は改善します。リスク許容はそれぞれ違うため、どれを選択するかは難しいところです。選択しない、すなわち、ロスカットを設定しないという手もありだとは思いますが、今回は数日間、ポジションを保有するため、私の場合は、ロスカットなしでトレードする度胸がないことは明言しておきたいところです。

　私はと言いますと、大きめのロスカットを設定したとして、仮にそれが実現されてしまった場合、過去の経験からみて3日以上は寝込むこと必至です。相場を見るのがいやになるような事態は避けたいですし、小さ過ぎるとこれまた過去の繰り返しでロスカットを連発するのではないかという恐怖心がよみがえってきますので、ロスカットしても心の折れない損失に限定するという極めて精神的な理由を優先します。

　私の場合、ロスカットの上限は100pipsです。下限は特にありませんが、今回のケースは数日間ポジションを保有するという観点から、40pipsでは小さいと判断し、最終的に選んだのは90pipsです。

　利益確定、ロスカット以外で、もう少し何か試せないかを考え抜きました。理論的に考えて、ヒントが浮かぶときもあれば、何げない日常を送っているときにふとひらめくこともあるかと思います。私は、まさに、なにげない日常で大好物のカツカレーを食べているときに脳裏をよぎったものを試してみることにしました。

　「カツ」と「カレー」という人気者同士を組み合わせて「カツカレー」が生み出されたように、一定の結果が出た「マルチタイムフレーム」と「チャートパターン」を組み合わせたら"トレード業界のカツカレー"ができるのではないかと考えました。結果は次ページのとおりです。

◆「マルチタイムフレーム」と「チャートパターン」を組み合わせた資産曲線

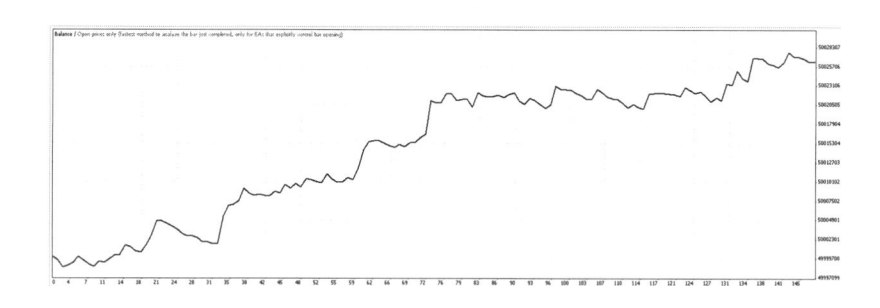

　率直な感想は、期待が高過ぎたのか、思っていたよりも「ウマくないな」という感じです。カツとカレーのような相乗効果が見れらません。

　そこで、どうしてあまり相性が良くないのだろうかと考えてみました。結論から言うと、「前日陽線」を条件に加えたことで単純に両者のかみ合わせがうまくいかなくなったということは、マーケットの動きとインディケータのリズムのかみ合わせが悪いからではないかと思いました。

　マーケットとインディケータをかみ合わせる方法は前述のとおり2つあると考えています。すでに「1」のタイムフレームは変更していますので、残りの「2」を行ってみました。

1．タイムフレームを変更して、自分なりにインディケータを相場に合わせてみる

2．インディケータのパラメーターの値を変更して、自分なりにインディケータを相場に合わせてみる

MACDのパラメーターを最適化すると「7（短期）、48（長期）、9（シグナル）」が最も総損益が高いことが分かりました。資産曲線は次ページの上のものになります。

条件を足したことで当然ながらトレード回数は減りましたが、プロフィットファクター（総収益÷総損失）は2.04になり、これまでの検証結果で最もコスト回収をしやすいシステムになりました。

さらに、このシステムに以前の課題であった100pips以下のロスカットと利益確定を設け、かつロスカットを設けなかったときのパフォーマンス（プロフィットファクター1.78）を超えることができないかと再度検証をしました。次ページの下の資産曲線がその結果です。利益確定180pips、ロスカット90pipsの組み合わせだとプロフィットファクターは2.11になりました。

90pipsのロスカットを設けることによってプロフィットファクターは2.04から少し改善しています。仮に、将来的にロスカットに遭ったとしても、90pipsであれば何とか寝こまずに済みそうです。

もちろん、利益確定やロスカットについては、投資家によってリスクを許容できる範囲が違うと思いますので、一概には言えないところではあります。

同様に、パラメーターの値の変更も同じだと思っていますが、あまりにも不自然な値にしてしまうと悩んでしまうと思います。私自身、検証の途中でパラメーターを変更しないのは、"比較するのが難しくなる"からです。

なにが難しくなるのかを具体的に言いますね。例えば、MACDのマルチタイムフレームと、MACDのマルチタイムフレーム＋チャートパターンがあったとします。このとき、パラメーターの値を変えてしまうと、損益の比較が難しくなってしまうのです。要するに、パラメーターを途中で変更してしまうと、パラメーターを変更したほうが良かったのか、チャートパターンを加えたほうが良かったのか、シン

プルに比較できないのです。これもリスク許容度と同じで、検証のスタイルはさまざまですよね。

私は同じパラメーターでAとBを比較して検証するタイプです。同じパラメーターを水着に例えますと、ビキニとワンピースどちらがよいのかを比較して、より良いほうを選択するというスタイルです。

◆ パラメータを最適化した
「マルチタイムフレーム」＋「チャートパターン」の資産曲線

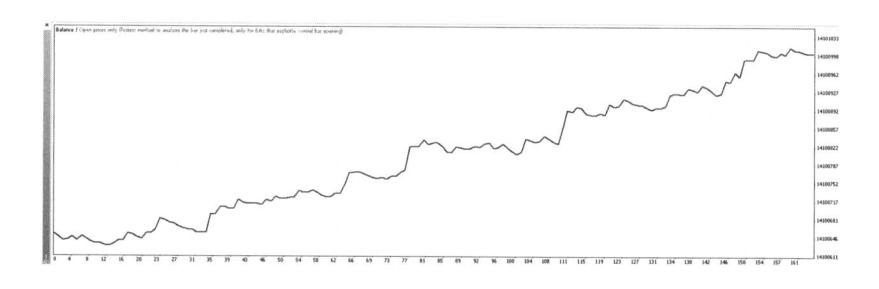

4時間足　ドル円
前日が陽線　かつ
週足のMACD（期間：7、48）がシグナル（期間：9）を上回っている　かつ
4時間足のMACD（期間：7、48）がシグナル（期間：9）を下回っていたら　売り。

◆ 利益確定とロスカットを設定し、パラメータも最適化した、
「マルチタイムフレーム」＋「チャートパターン」の資産曲線

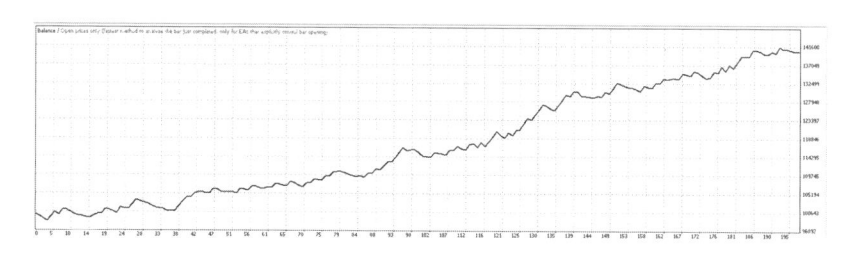

利益確定＋ロスカット　プログラム編

まずプログラムの冒頭（100ページ参照）に保有中のポジションを選択する下記のプログラムを記述してください。

> OrderSelect(Ticket_S, SELECT_BY_TICKET);

⬇ 日本語にすると……

> 保有中の売りポジションを選択します。

◆売りポジションのエグジット条件（利益確定条件）

> OrderOpenPrice() - 900 * Point >= Close[1]

⬇ 日本語にすると……

> もし900ポイント以上の利益が生じていた場合

◆売りポジションのエグジット条件（ロスカット条件）

> iOrderOpenPrice() + 1200 * Point <= Close[1]

⬇ 日本語にすると……

> もし1200ポイント以上の損失が生じていた場合

解説

　利益確定やロスカットも、定型文の「売りポジションのエグジット」の□□□□部分（9ページ参照）に「900ポイント（90pips）の利益が生じたら」や「1200ポイント（120pips）の損失が生じたら」と記述することで可能になります。

　ただし、すでに「売りポジションのエグジット」部分はMACDのエグジットで使用していますので、コピペをして利益確定用とロスカット用に、さらに2つ用意してください。

　「OrderSelect(Ticket_S, SELECT_BY_TICKET);」は保有中のポジションを選択するためのプログラムです。ポジションを選択することでエントリーの約定値などのポジションの諸情報を取得することができます。

　利益確定、ロスカットの判定は終値ベースで行っています。つまり終値がエントリー価格から900ポイント（90pips）下落したら利益確定を行い、終値がエントリー価格から1200ポイント（120pips）上昇したらロスカットを行います。

　ここで重要な話をします。例えば、4時間足にEAを適用した場合、利益確定とロスカットを行うタイミングは4時間に1回となります。その間に含み損が大きくなったり、また、含み益が小さくなったりする可能性もあります。

　そこで、4時間足よりも短い5分足チャートに適用することで、5分に1回利益確定とロスカットを判定し、実施することにしました。

　5分足チャートに適用するためにはエントリーやエグジットの条件文の記述方法も変えなければいけません。

　これまで4時間足のMACDを表現するのに「iCustom(NULL, **0** ,"MACD",7,48,9,1,1)」と記述していましたが、5分足チャートに適用するには「iCustom(NULL, **240** ,"MACD",7,48,9,1,1)」と記述する必要があります。次ページからのプログラム全文でご確認ください。

利益確定＋ロスカット　プログラム文　その1

※注目：下記のプログラムを5分足に適用

```
// マジックナンバーの定義
#define MAGIC  5

// パラメーターの設定 //
extern double Lots = 1.0;      // 取引ロット数
extern int Slip = 10;          // 許容スリッページ数
extern string Comments = "";   // コメント

// 変数の設定 //
int Ticket_L = 0; // 買い注文の結果をキャッチする変数
int Ticket_S = 0; // 売り注文の結果をキャッチする変数
int Exit_L = 0;   // 買いポジションの決済注文の結果をキャッチする変数
int Exit_S = 0;   // 売りポジションの決済注文の結果をキャッチする変数

int start()
 {

// 買いエントリー及び買いポジションのエグジットのプログラムを有効
// にする場合は、該当プログラムの /* と */ を消去してからコンパイル
// してください。

   // 保有中の売りポジションを選択
   OrderSelect(Ticket_S, SELECT_BY_TICKET);


   // 売りポジションの利益確定
   if( OrderOpenPrice() - 1800 * Point >= Close[1]
      && ( Ticket_S != 0 && Ticket_S != -1 ) )
    {
      Exit_S = OrderClose(Ticket_S,Lots,Ask,Slip,Blue);
      if( Exit_S ==1 ) {Ticket_S = 0;}
    }
```

次ページへ

利益確定＋ロスカット　プログラム文　その2

```
    // 売りポジションのロスカット
    if( OrderOpenPrice() + 900 * Point <= Close[1]
      && ( Ticket_S != 0 && Ticket_S != -1 ) )
    {
      Exit_S = OrderClose(Ticket_S,Lots,Ask,Slip,Blue);
      if( Exit_S ==1 ) {Ticket_S = 0;}
    }

/*
    // 保有中の買いポジションを選択
    OrderSelect(Ticket_L, SELECT_BY_TICKET);


    // 買いポジションの利益確定
    if( OrderOpenPrice() + 1800 * Point <= Close[1]
      && ( Ticket_L != 0 && Ticket_L != -1 ))
    {
      Exit_L = OrderClose(Ticket_L,Lots,Bid,Slip,Red);
      if( Exit_L ==1 ) {Ticket_L = 0;}
    }


    // 買いポジションのロスカット
    if( OrderOpenPrice() - 900 * Point >= Close[1]
      && ( Ticket_L != 0 && Ticket_L != -1 ))
    {
      Exit_L = OrderClose(Ticket_L,Lots,Bid,Slip,Red);
      if( Exit_L ==1 ) {Ticket_L = 0;}
    }
```

次ページへ

利益確定＋ロスカット　プログラム文　その3

```
    // 買いポジションのエグジット
    if(  ■■■■
       && ( Ticket_L != 0 && Ticket_L != -1 ))
    {
      Exit_L = OrderClose(Ticket_L,Lots,Bid,Slip,Red);
      if( Exit_L ==1 ) {Ticket_L = 0;}
    }
*/

    // 売りポジションのエグジット
    if(　iCustom(NULL, 240 ,"MACD",7,48,9,0,1) >
         iCustom(NULL, 240 ,"MACD",7,48,9,1,1)
       && ( Ticket_S != 0 && Ticket_S != -1 ))
    {
      Exit_S = OrderClose(Ticket_S,Lots,Ask,Slip,Blue);
      if( Exit_S ==1 ) {Ticket_S = 0;}
    }

/*
    // 買いエントリー
    if(  ▲▲▲▲
       && ( Ticket_L == 0 || Ticket_L == -1 )
       && ( Ticket_S == 0 || Ticket_S == -1 ))
    {
      Ticket_L = OrderSend(Symbol(),OP_BUY,
                           Lots,Ask,Slip,0,0,Comments,MAGIC,0,Red);
    }
*/
```

次ページへ

利益確定＋ロスカット　プログラム文　その4

```
// 売りエントリー
if(    iCustom(NULL, 240 ,"MACD",7,48,9,0,1) <
       iCustom(NULL, 240 ,"MACD",7,48,9,1,1)
  && iCustom(NULL,10080,"MACD",7,48,9,0,1) >
       iCustom(NULL,10080,"MACD",7,48,9,1,1)
  && iOpen(NULL,1440,1) < iClose(NULL,1440,1)
  && ( Ticket_S == 0 || Ticket_S == -1 )
  && ( Ticket_L == 0 || Ticket_L == -1 ))
 {
   Ticket_S = OrderSend(Symbol(),OP_SELL,
                       Lots,Bid,Slip,0,0,Comments,MAGIC,0,Blue);
 }


  return(0);
 }
```

6 〜〜アイデア5〜〜 他通貨でも試してみる

　これまでドル円のMACDで検証してシステムを作ってきました。ここで、当然のように、ドル円で通じるのだから、ほかの通貨でも通じるのではないかという期待が湧いてきました。このときのイメージは以下のとおりです。

◆素のシステムに条件を"足す"ことで使えるシステムにできないか

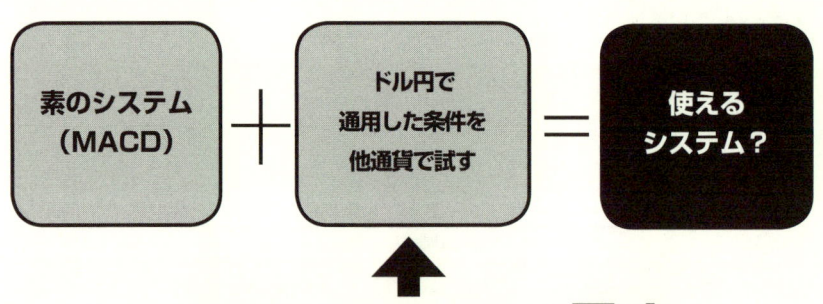

```
素のシステム    ＋   ドル円で         ＝   使える
（MACD）             通用した条件を         システム？
                     他通貨で試す
                          ↑
             他通貨という条件（制限）を足す
```

　通貨ペアを変えて検証するのは、「テスター」上の「通貨ペア」を変更するだけなので非常に簡単です。

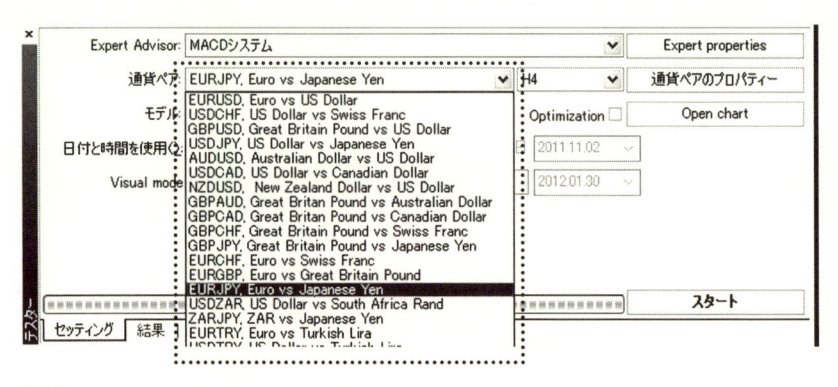

Expert Advisor:	MACDシステム		Expert properties
通貨ペア:	EURJPY, Euro vs Japanese Yen	H4	通貨ペアのプロパティー

- EURUSD, Euro vs US Dollar
- USDCHF, US Dollar vs Swiss Franc
- GBPUSD, Great Britain Pound vs US Dollar
- USDJPY, US Dollar vs Japanese Yen
- AUDUSD, Australian Dollar vs US Dollar
- USDCAD, US Dollar vs Canadian Dollar
- NZDUSD, New Zealand Dollar vs US Dollar
- GBPAUD, Great Britain Pound vs Australian Dollar
- GBPCAD, Great Britain Pound vs Canadian Dollar
- GBPCHF, Great Britain Pound vs Swiss Franc
- GBPJPY, Great Britain Pound vs Japanese Yen
- EURCHF, Euro vs Swiss Franc
- EURGBP, Euro vs Great Britain Pound
- **EURJPY, Euro vs Japanese Yen**
- USDZAR, US Dollar vs South Africa Rand
- ZARJPY, ZAR vs Japanese Yen
- EURTRY, Euro vs Turkish Lira

そこで、クロス円の中では最も取引量の多いユーロ円で検証をしてみました。

結果は次ページの上段のようなパフォーマンスになりました。総損益はプラスになっているとはいえ、ジェットコースターのような損益で、なかなかうまくいかないものだと実感した瞬間でもありました。

クロス円とはいえ、ドル円のマーケットとユーロ円のマーケットは動きが異なるのではないかという仮説のもと、このシステムをユーロ円で一定の検証結果を出すにはユーロ円の動きに合うようにテクニカルのパラメーターを変える必要があるのではないかと思いました。早速、MACDのパラメーターをユーロ円で最適化してみたところ、「2（短期）、24（長期）、19（シグナル）」の組み合わせが良さそうだと判明しました。

すると、資産曲線は右肩上がりになりました（次ページの中段のパフォーマンス）。しかし、不自然な細かいギザギザを描いていることに気づきました。「それはなぜなのか」と、この期間のトレード履歴を見てみると利益確定とロスカットにかかる頻度が高くなっていると分かりました。利益確定とロスカット幅はドル円と同じく、それぞれ160pipsと90pipsの設定での検証でしたので、ドル円よりもボラティリティの高いユーロ円では、ドル円と同じ利益確定幅やロスカット幅では小さすぎるようなのです。特にこの期間は世界的な金融危機でボラティリティが高まっていた時期でしたので、利益確定やロスカットにかかることがなおのこと多かったようです。

そこで、ドル円よりもボラティリティが大きいことも考慮してユーロ円ではもう少し利益確定幅とロスカット幅を大きくしたほうがよいのではないかと仮説を立てました。とはいえ、90pips以上のロスカットはナイーブな私のハートには荷が重かったため、ロスカット幅は90pipsそのままに、利益確定幅を160pipsから200pipsに大きくしてみました。

◆ユーロ円での検証結果

◆パラメータを最適化したうえでのユーロ円の検証結果

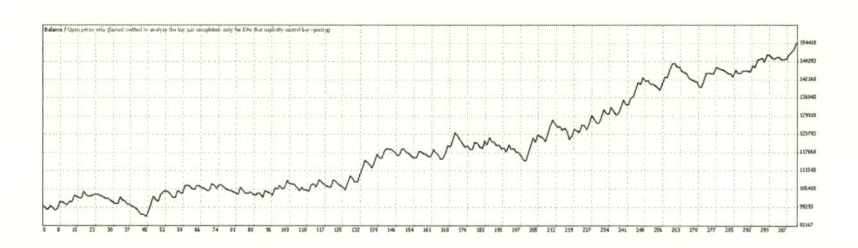

◆パラメータを最適化＆利益確定を設けたユーロ円での検証結果

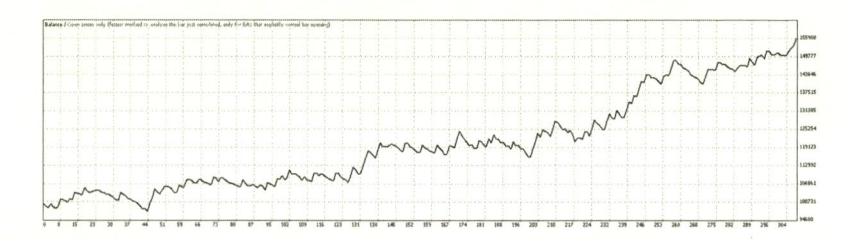

資産曲線は劇的な変化とまではいきませんでしたが、利益確定幅を大きくしたことで、ボラティリティが高まった時期でもすぐに決済することなく利益を伸ばすことができたため、結果的に総損益は増加しました（前ページの下段のパフォーマンス）。やはり利益確定や損切りは通貨ペアのボラティリティにあったものを使う必要がありそうです。
　次に、個人的に好きな豪ドル円、通称オージー円でも検証してみました。
　オージー円の特徴は値動きが激しいところです。変動率で言うとポンド円よりも動きます。私がバックパッカーをしていたころ、オーストラリアに長期滞在したときのことです。靴が破れてしまい、新しいものを買おうと、1ドルでも安い店を数日探し回っている間に、急激に円安方向に触れてしまい、結局、円換算すると高くなってしまったことがありました。動くときには、このくらい急激に動きます。
　話を戻します。まずはドル円の設定そのままで検証してみました。やはりオージー円もドル円の設定そのままでは動きがかみ合っていません（次ページの上段のパフォーマンス）。
　そこで、ユーロ円同様、MACDのパラメーターの最適化を行ってみました。すると、「6（短期）、37（長期）、44（シグナル）」の組み合わせが良さそうだと分かりました。
　マーケットとも少しずつかみ合ってきましたが、やはり利益確定幅とロスカット幅が小さすぎるのか、曲線が細かいギザギザを刻んでいます（次ページの中段のパフォーマンス）。そこで、ユーロ円と同じくロスカット幅はそのままに利益確定幅のみ最適化してみました（次ページの下中段のパフォーマンス）。
　オージー円では利益確定の最適値は190pipsと同じく大きめでした。オージー円は変動率が高い通貨ペアということもあり、含み益が発生してもすぐに利益確定を行うよりもそのまま保有して利益を伸ば

◆オージー円での検証結果

◆パラメータを最適化したうえでのオージー円の検証結果

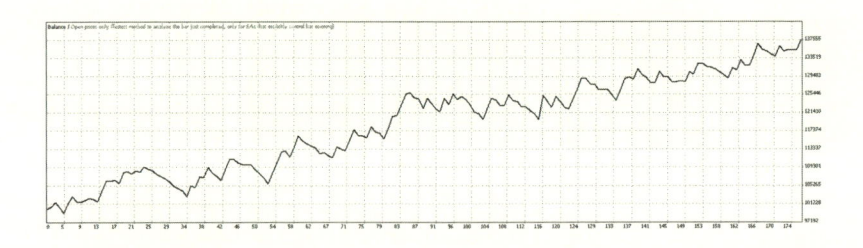

◆パラメータを最適化＆利益確定を設けたオージー円での検証結果

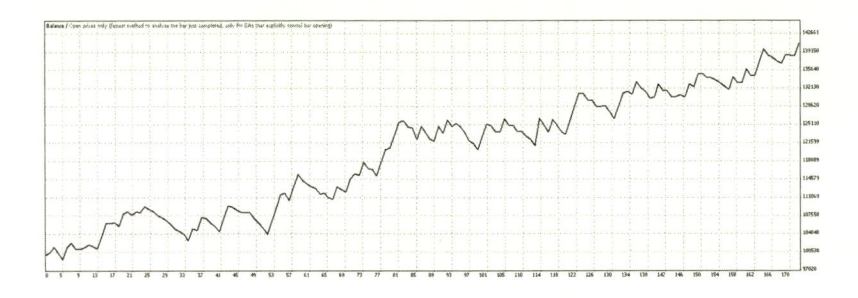

すほうがよいようです。

　以上のように、ドル円のMACDのシステムをユーロ円用とオージー円用にカスタマイズしてみた結果、特にユーロ円用のシステムのパフォーマンスが良かったので、ドル円のシステムと併せて、さらに検証してみることにしました。

　通貨ペアもパラメーターも異なるため、当然と言えば当然なのかもしれませんが、ドル円のシステムで利益を上げていても、ユーロ円のシステムで損失を出していたり、逆にドル円のシステムで損失を出していてもユーロ円のシステムで利益を上げていることもありました。

　ということは、ドル円のMACDのシステムとユーロ円のMACDのシステムを組み合わせて使えば、お互いのデメリットを補完できる、ということにもなります。

　事実、ドル円のシステムひとつだけで運用していたときは、ドル円のマーケットとインディケータがかみ合わなくなると途端に負けが続いてしまうことが多かったのですが、ユーロ円のシステムを併用することで、ドル円では負けていてもユーロ円で勝っている状況が出てきました。くさって寝こむ回数がだいぶ減りました。

　もちろん、ドル円とユーロ円の両方のシステムで負けてしまい余計に寝こむこともあるのですが、トータル的に見たときに、月間の総寝込み時間は減少していました。つまり、損益のブレが少なくなったのです。

　損益のブレを少なくするために、今まではひとつのシステムだけを見て検証をしてきましたが、複数のシステムで検証する優位性に気づいたとき、複数のシステムを運用したときのパフォーマンスも考える必要性がありそうだと痛感しました。

　そこで、メタトレーダーのパフォーマンスレポートからドル円とユーロ円それぞれの売買履歴を抜き出し、エクセルでつなぎあわせてみました。結果は次ページのとおりです。

■ドル円では負けが続いてもユーロ円は好調だったときの売買履歴

・ドル円の売買履歴

373	2011.11.24 20:00	sell	187	1.00	77.070	0.000	0.000	
374	2011.11.25 04:00	close	187	1.00	77.471	0.000	0.000	-517.63
375	2011.11.29 16:00	sell	188	1.00	77.773	0.000	0.000	
376	2011.12.02 04:00	close	188	1.00	77.862	0.000	0.000	-114.39
377	2011.12.15 16:00	sell	189	1.00	77.766	0.000	0.000	
378	2011.12.19 08:00	close	189	1.00	77.986	0.000	0.000	-282.13
379	2011.12.20 16:00	sell	190	1.00	77.851	0.000	0.000	
380	2011.12.22 00:00	close	190	1.00	78.070	0.000	0.000	-280.59
381	2011.12.23 16:00	sell	191	1.00	78.074	0.000	0.000	
382	2011.12.23 23:59	close at stop	191	1.00	78.074	0.000	0.000	0.00

・ユーロ円の売買履歴

571	2011.11.14 16:00	sell	286	1.00	105.089	0.000	0.000	
572	2011.11.16 08:00	close	286	1.00	103.489	0.000	0.000	2050.01
573	2011.11.23 08:00	sell	287	1.00	103.695	0.000	0.000	
574	2011.11.27 20:00	close	287	1.00	102.875	0.000	0.000	1050.49
575	2011.12.02 20:00	sell	288	1.00	104.361	0.000	0.000	
576	2011.12.09 20:00	close	288	1.00	103.785	0.000	0.000	737.72
577	2011.12.12 12:00	sell	289	1.00	103.245	0.000	0.000	
578	2011.12.14 00:00	close	289	1.00	101.679	0.000	0.000	2006.44

■ドル円とユーロ円のMACDシステムを併用したときのパフォーマンス

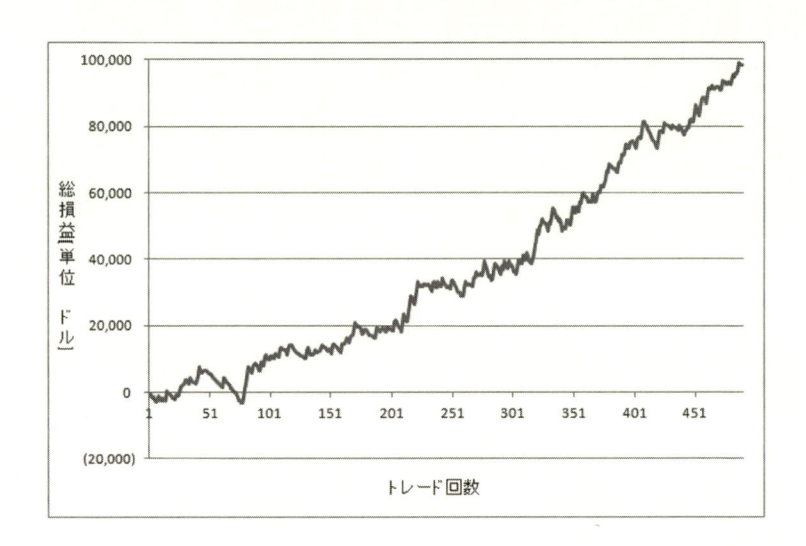

自分の実感どおり、2つのシステムを組み合わせることで資産曲線の落ち込む回数が少なくなったうえに落ち込み幅も減少していました。
　ただし、実際に運用してみると、なかなか勝てないときであっても運用を続けなくてはいけない辛さや怖さがあります。そういう意味では、バックテストだけではなかなか気づかないこともたくさんあります。ドル円とユーロ円の売買履歴では損益を補完している場合であっても、バックテストはあくまで結果のみを見ているということに少し注意です。
　仮に4日間ポジションを保有するとします。その場合、極論ですが、ポジション保有中に2円とか動いているかもしれないということです。プラスに動いていればハッピーこのうえない話ですが、逆に動くケースも当然あります。実は私、実際に運用をしてから気がつきました。トホホです。
　皆様におかれましては、そういったことも考慮に入れて、バックテストを見ることをお勧めします。
　ポジションを保有しているときの含み損や含み益はチャートのエントリーポイントから確認することができますので、これもバックテストの醍醐味として、覚えておくとよろしいかと思います。

7 〜〜アイデア6〜〜 時間でエグジットしてみる

　素のMACDのシステムに、さまざまな条件を足して運用してみたところ、何とか想定どおり、コストを回収できるぐらいにはなりました。

　その一方で、1週間近くポジションを持ちつづけるケースもありました。保有時間が非常に長くなることで常にマーケットの動きを気にしなければならなかったため、肉体的にも精神的にもせわしない状態が続きました。

　こういう状態が続くと、「どうにかしてポジション保有時間を短くできないか？」と真剣に考えるようになります。

　「保有期間を短くしたい」と思った理由はもうひとつあります。それは、時間がたてばたつほど、"当初想定していた優位性"が薄れてくるのではないかと仮定したからです。例えば、エントリーから2週間も経過してしまったとしたら、そこに2週間前に考えた優位性は残っているでしょうか。

　具体的にお話しします。売りエントリーは、マーケットが下落すると予想した結果の行為になりますが、エントリーして2週間経過しても利益確定せずにそのままポジションを保有していても、2週間前に立てた「下落する」という予想がまだ有効であるとは思えなかったのです。

　そこで、「エントリーしてからある一定時間経過したら決済」というエグジット方法を追加したらどうだろうかと考えました。具体的には、「エントリーから○時間たっても通常の決済や利益確定、ロスカットのいずれにもかからなかったら決済すること」としました。ちょうど、ラブレターを送ったけれど、ある一定期間良い返事も悪い返事もない場合に諦めざるを得ない心境と似ています。このときのイメージ

は以下のとおりです。

◆素のシステムに条件を"足す"ことで使えるシステムにできないか

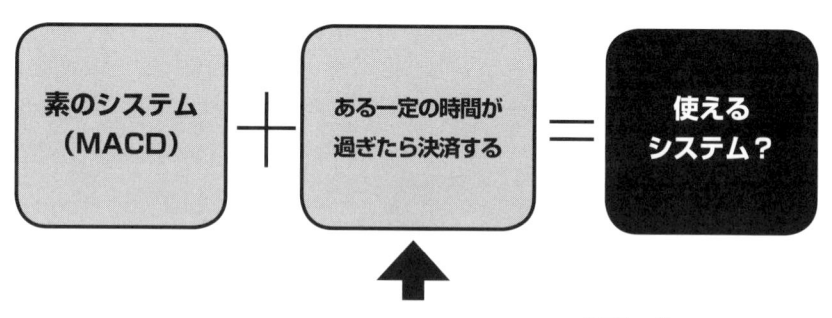

素のシステム（MACD） ＋ ある一定の時間が過ぎたら決済する ＝ 使えるシステム？

時間経過という条件（制限）を**足す**

　早速、検証を始めようと思ったものの、ある一定期間が何時間なのか、はたまた何日ぐらいなのか自分ではまったく見当もつかず、まずは当てずっぽうでプログラムしてバックテストをしてみることにしました。
　まずエントリーから4時間後に決済した場合を検証してみました。このケースでは決済までの時間が早すぎるのか、利益を十分に伸ばせていないことが分かります（次ページ参照）。特に、途中から曲線が右肩下がりになっています。調べてみると、2009年の1月ぐらいからでした。
　いつものごとく「どうしてだろう？」と考えてみました。あくまで私感になるのですが、資産曲線が右上がりになっている2007年の7月から2009年の1月ぐらいまでは一気にレートが下落（120円台から80円台）しています。つまり、短時間でも利益になりやすい状況だったのではないかと言えます。
　それに対して、資産曲線が右下がりになっている2009年の1月以降は、上に行こうか下に行こうか迷いながら比較的ゆっくり下落し

ているパターンが多いような気がしています。つまり、短時間での決済では、利益が出る前に終了となっていたのではないかと思うのです。

次に、エントリーから12時間後の決済を検証してみました。利益は伸びてきていますが、まだまだ十分とは言えない成績になりました。

めげずに48時間後の決済を検証してみると、ここではじめて、ポジションの保有期間を限定しながらそこそこのパフォーマンスを出す結果が得られました。

96時間にすると、成績はさらに良くなります。ただし、96時間は丸4日になりますので、個人的には少し長いようにも感じます。ここは自身の投資スタイルに合った時間を選ぶのがよいかなと思いました。

◆エントリーから4時間後に決済

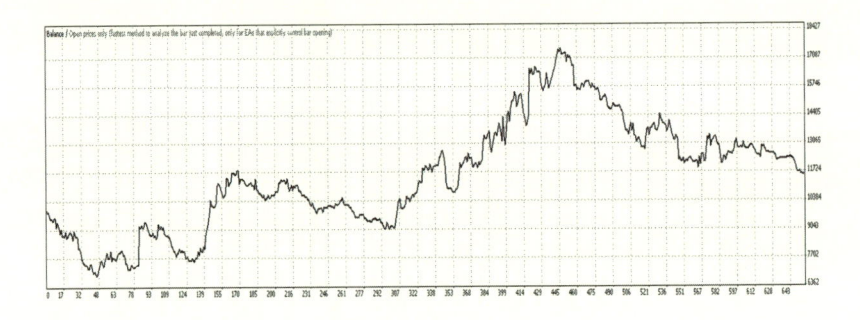

◆エントリーから12時間後に決済

◆エントリーから48時間後に決済

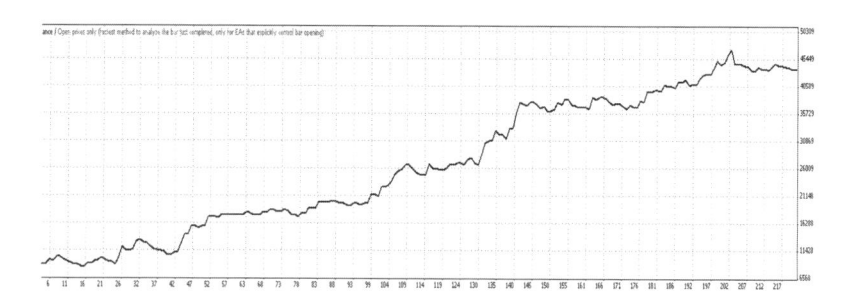

◆エントリーから96時間後に決済

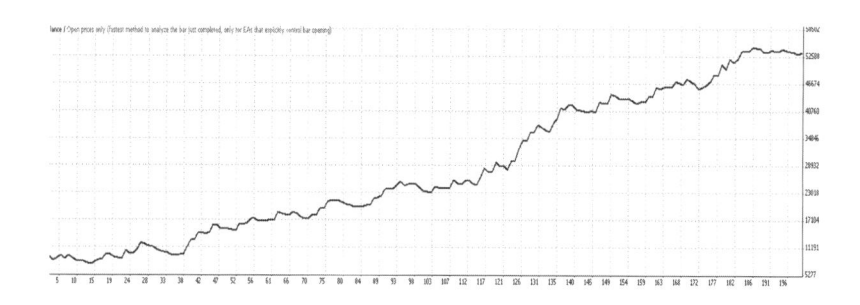

エントリーから決済までの時間が長くなるほど資産曲線はなだらかな右上がりになる。
ただし、あまり時間が長くなると、優位性も薄れるので注意。

時間エグジット　プログラム編

　まずプログラムの冒頭（118ページ参照）に保有中のポジションを選択する下記のプログラムを記述してください。

```
OrderSelect(Ticket_S, SELECT_BY_TICKET);
```

⬇ 日本語にすると……

```
保有中の売りポジションを選択します。
```

◆売りポジションのエグジット条件

```
OrderOpenTime( )+60*60*48<= TimeCurrent()
```

⬇ 日本語にすると……

```
エントリーから48時間以上経過したら
```

解説

　OrderOpenTime( ) はエントリー時間、TimeCurrent( ) は現在時間を指しています。

　例えば、エントリーしてから 48 時間後に決済をしたい場合はエントリー時間から 60 × 60 × 48（= 48 時間）経過したら決済をする、というプログラムします。

　1 分は 60 秒、1 時間は 3600 秒なので「60 × 60」秒は 1 時間になります。さらに、そこに 48 を掛ければ 48 時間になります。

　つまり◯時間後に決済したい場合は下記の◯の数字を変更すればOK です。

OrderOpenTime( )+60*60* ◯ <= TimeCurrent()

↑

エントリーから◯時間後

　ただし、休日をまたぐ場合は注意してください。例えば「48」と入力しても、エントリーから 48 時間後が日曜日であった場合、FX の市場は閉まっていますので、決済できません。そのときは月曜日の朝に市場が開いた時点で決済されます。

時間エグジット　プログラム文　その1

※注目：下記のプログラムを5分足に適用

```
// マジックナンバーの定義
#define MAGIC  6

// パラメーターの設定 //
extern double Lots = 1.0;       // 取引ロット数
extern int Slip = 10;           // 許容スリッページ数
extern string Comments = ""; // コメント

// 変数の設定 //
int Ticket_L = 0; // 買い注文の結果をキャッチする変数
int Ticket_S = 0; // 売り注文の結果をキャッチする変数
int Exit_L = 0;   // 買いポジションの決済注文の結果をキャッチする変数
int Exit_S = 0;   // 売りポジションの決済注文の結果をキャッチする変数

int start()
 {

   // 保有中の売りポジションを選択
   OrderSelect(Ticket_S, SELECT_BY_TICKET);


   // 売りポジションの時間エグジット
   if( OrderOpenTime( )+ 60*60*96 <= TimeCurrent()
      && ( Ticket_S != 0 && Ticket_S != -1 ))
    {
      Exit_S = OrderClose(Ticket_S,Lots,Ask,Slip,Blue);
      if( Exit_S ==1 ) {Ticket_S = 0;}
    }
```

次ページへ

時間エグジット　プログラム文　その2

```
    // 売りポジションの利益確定
    if( OrderOpenPrice() - 1800 * Point >= Close[1]
       && ( Ticket_S != 0 && Ticket_S != -1 ) )
    {
      Exit_S = OrderClose(Ticket_S,Lots,Ask,Slip,Blue);
      if( Exit_S ==1 ) {Ticket_S = 0;}
    }
    // 売りポジションのロスカット
    if( OrderOpenPrice() + 800 * Point <= Close[1]
       && ( Ticket_S != 0 && Ticket_S != -1 ) )
    {
      Exit_S = OrderClose(Ticket_S,Lots,Ask,Slip,Blue);
      if( Exit_S ==1 ) {Ticket_S = 0;}
    }

/*
    // 保有中の買いポジションを選択
    OrderSelect(Ticket_L, SELECT_BY_TICKET);


    // 買いポジションの時間エグジット
    if( OrderOpenTime( )+ 60*60*96 <= TimeCurrent()
       && ( Ticket_L != 0 && Ticket_L != -1 ))
    {
      Exit_L = OrderClose(Ticket_L,Lots,Bid,Slip,Red);
      if( Exit_L ==1 ) {Ticket_L = 0;}
    }
```

次ページへ

時間エグジット　プログラム文　その3

```
    // 買いポジションの利益確定
    if( OrderOpenPrice() + 1800 * Point <= Close[1]
       && ( Ticket_L != 0 && Ticket_L != -1 ))
     {
       Exit_L = OrderClose(Ticket_L,Lots,Bid,Slip,Red);
       if( Exit_L ==1 ) {Ticket_L = 0;}
     }


    // 買いポジションのロスカット
    if( OrderOpenPrice() - 900 * Point >= Close[1]
       && ( Ticket_L != 0 && Ticket_L != -1 ))
     {
       Exit_L = OrderClose(Ticket_L,Lots,Bid,Slip,Red);
       if( Exit_L ==1 ) {Ticket_L = 0;}
     }
    // 買いポジションのエグジット
    if(   ■■■■
       && ( Ticket_L != 0 && Ticket_L != -1 ))
     {
       Exit_L = OrderClose(Ticket_L,Lots,Bid,Slip,Red);
       if( Exit_L ==1 ) {Ticket_L = 0;}
     }
*/

    // 売りポジションのエグジット
    if(   iCustom(NULL,240,"MACD",7,48,9,0,1) >
          iCustom(NULL,240,"MACD",7,48,9,1,1)
       && ( Ticket_S != 0 && Ticket_S != -1 ))
     {
       Exit_S = OrderClose(Ticket_S,Lots,Ask,Slip,Blue);
       if( Exit_S ==1 ) {Ticket_S = 0;}
     }
```

次ページへ

時間エグジット　プログラム文　その４

```
/*
  // 買いエントリー
  if(  ▲▲▲▲
     && ( Ticket_L == 0 || Ticket_L == -1 )
     && ( Ticket_S == 0 || Ticket_S == -1 ))
  {
    Ticket_L = OrderSend(Symbol(),OP_BUY,
                    Lots,Ask,Slip,0,0,Comments,MAGIC,0,Red);
  }
*/

  // 売りエントリー
  if(   iCustom(NULL,240,"MACD",7,48,9,0,1) <
        iCustom(NULL,240,"MACD",7,48,9,1,1)
     && iCustom(NULL,10080,"MACD",7,48,9,0,1) >
        iCustom(NULL,10080,"MACD",7,48,9,1,1)
     && iOpen(NULL,1440,1) < iClose(NULL,1440,1)
     && ( Ticket_S == 0 || Ticket_S == -1 )
     && ( Ticket_L == 0 || Ticket_L == -1 ))
  {
    Ticket_S = OrderSend(Symbol(),OP_SELL,
                    Lots,Bid,Slip,0,0,Comments,MAGIC,0,Blue);
  }


  return(0);
}
```

8 〜〜アイデア7〜〜 他通貨を見てみる

　これまで唯一無二の完璧なシステムを作ろうと日々奮闘していました。しかし、複数のシステムを同時に運用することによってシステム全体で安定的にコストを回収できる可能性に気づいてから、派手に勝つことばかりを狙わずに、地味ながらも安定したシステムをなるべくたくさん開発して運用しようと考えるようになりました。

　ただし、似たような売買ロジックのシステムでは勝つときも負けるときも同じタイミングになりがちで、ひとつのシステムで運用するのとなんら変わらなくなってしまいます。したがって、なるべく売買ロジックのタイプが異なるシステムを作ろうと考えました。

　「果報は寝て待て」と言っても、いくら寝ても、待てど暮らせど、凡人の私には斬新なアイデアが浮かんでくることはありませんでした。そこで、逆に自分がプログラムできる範囲内で何ができるだろうかと考えることにしました。そこでiCustom関数をもう一度眺めてみると、まだ使ったことのない機能を発見したのです。

> iCustom (**通貨ペア名**, タイムフレーム, インディケータ名, パラメーター設定, ライン番号, 過去へのシフト数);

　それは「通貨ペア」の項目です。

　「通貨ペア」の項目はテクニカル分析をどの通貨ペアで行うかを指定するものです。今までテクニカル分析をするのは当然のようにトレードする通貨ペアだと考えていて、気にも留めていませんでした。しかしそのとき「iCustom関数の通貨ペアの項目の入力次第では、ユーロ円のRSIが条件を満たしたら、ドル円をトレードする」というこ

ともできると気づいたのです。つまり、取引対象であるドル円を見ずにトレードするということです。

ユーロ円のRSIでドル円を取引すると言うと突拍子もなく聞こえるかもしれませんが、自分なりの独創的な理屈がありました。

それはこうです。ユーロ円に限らず、クロス円はドル円よりもボラティリティが高い傾向にあり、チャートを見ているとドル円がほとんど膠着状態で動かないときにもクロス円は方向性が比較的はっきりしていることがあります。そして、あくまでも私感にすぎないのですが、ドル円とクロス円はまったく別の動きをしているわけではなく、お互いに影響しながら比較的似たような動きをしているように見えたのです。

◆ドル円とユーロ円は同じような動きをしている

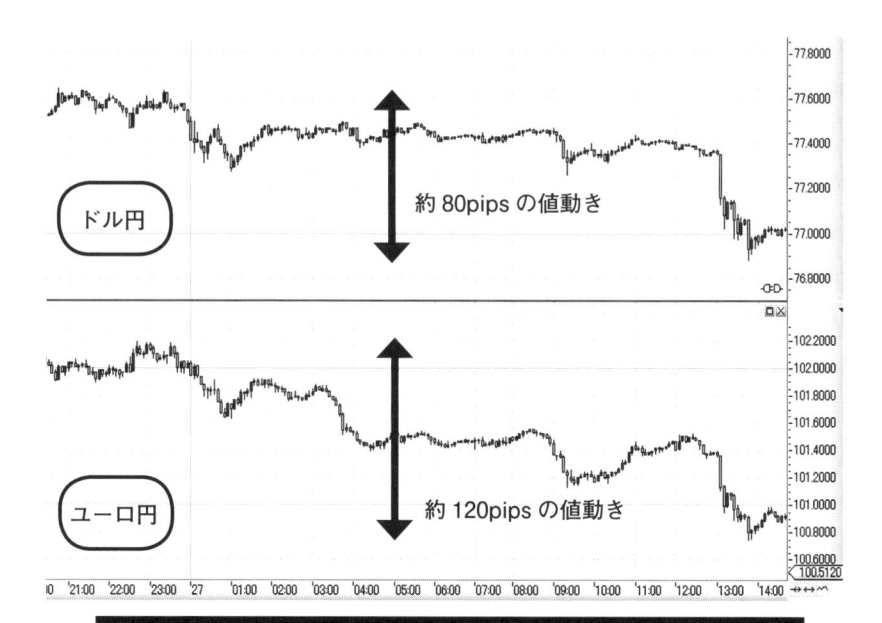

ドル円 — 約80pipsの値動き

ユーロ円 — 約120pipsの値動き

**ユーロ円はドル円よりもボラティリティが高く
似たような動きをするときも多い**

そこで、仮にユーロ円はドル円と似たような動きをしており、かつボラティリティが高いのであれば、ユーロ円がドル円の先行指標になっている可能性はないだろうかと考えたのです。もっと具体的に申しますと、

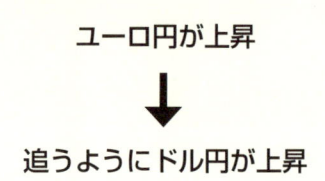

ユーロ円が上昇
↓
追うようにドル円が上昇

の図式になります。逆もまたしかりで、ユーロ円が下落すると、追うようにドル円が下落するのではないかと考えました。
　このときのイメージは以下のとおりです。

◆素のシステムに条件を"足す"ことで使えるシステムにできないか

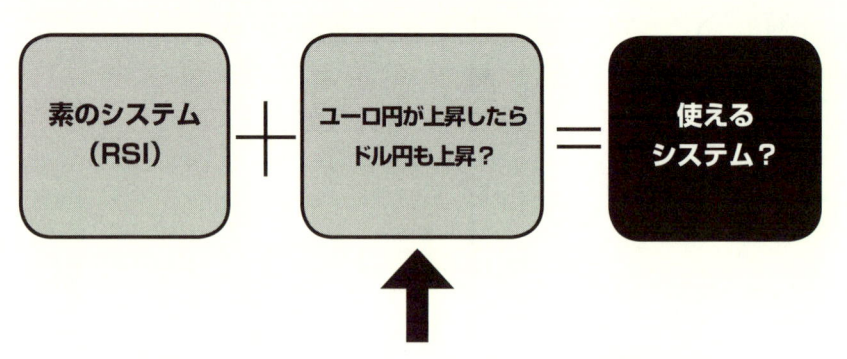

素のシステム（RSI） ＋ ユーロ円が上昇したらドル円も上昇？ ＝ 使えるシステム？

↑
他通貨の動きという条件（制限）を**足す**

この仮説を用いて仮に RSI で売買ロジックにすると、次のようになります。以下は買いエントリーでのイメージです。

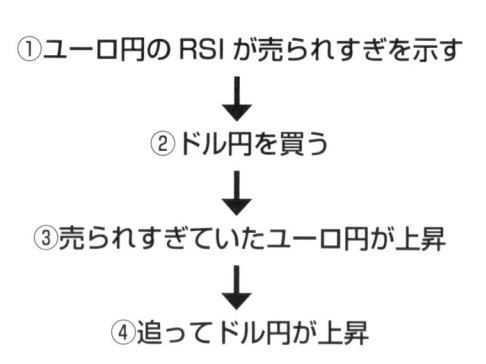

①ユーロ円の RSI が売られすぎを示す
↓
②ドル円を買う
↓
③売られすぎていたユーロ円が上昇
↓
④追ってドル円が上昇

◆ドル円とユーロ円の関係のイメージ

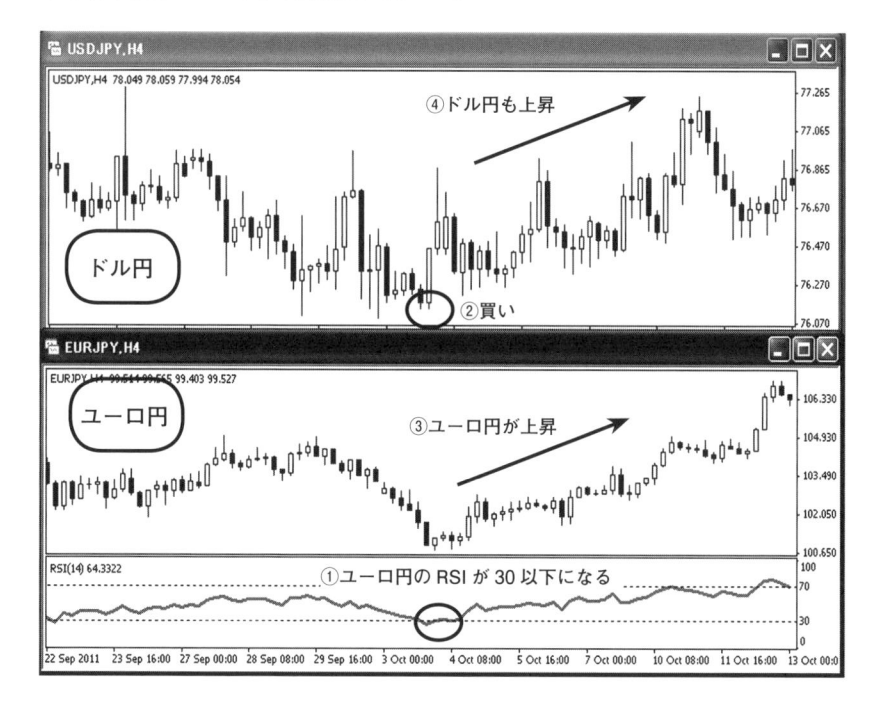

前述のとおり、iCustom関数を使えばこの検証も簡単にできてしまいます。プログラムは後ほどご紹介いたしますので、まずは結果からご覧ください（下図の資産曲線参照）。

◆ユーロ円を見てドル円をトレード

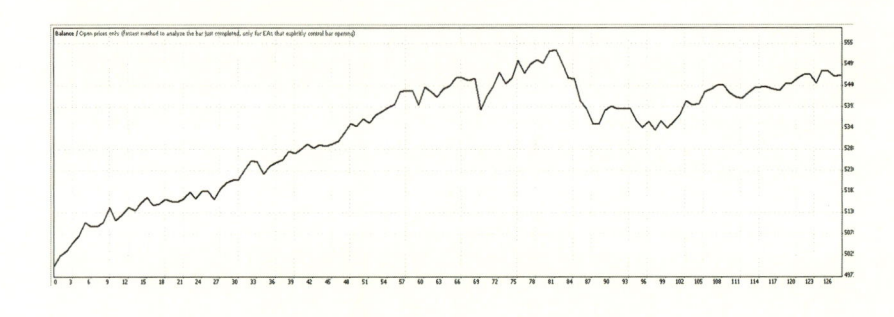

```
4時間足　ドル円
ユーロ円のRSI（期間：12）が30を下回ったら、ドル円買い。
ユーロ円のRSI（期間：12）が70を上回ったら、ドル円売り。
```

　一応、想定どおり（？）、右肩上がりにはなったものの、途中大きなドローダウンを受けています。将来、大きなドローダウンを再現する可能性は否めません。このままでは安心してトレードできそうもありません。
　そこで、いつものごとくRSIの期間と売買ポイントの組み合わせを最適化してみました（次ページの上段の資産曲線）。
　RSIの期間を12本バーから35本バーと長くし、売買ポイントを「RSIが30を下回ったら買い、70を上回ったら売り」から「50を下回ったら売り、50を上回ったら買い」に変更しました。最適化前と比較しますと、最大ドローダウンは35％減少です。
　なにより、今まで検証してきたシステムの中ではトレード回数が最

◆ユーロ円を見てドル円をトレード＋最適化

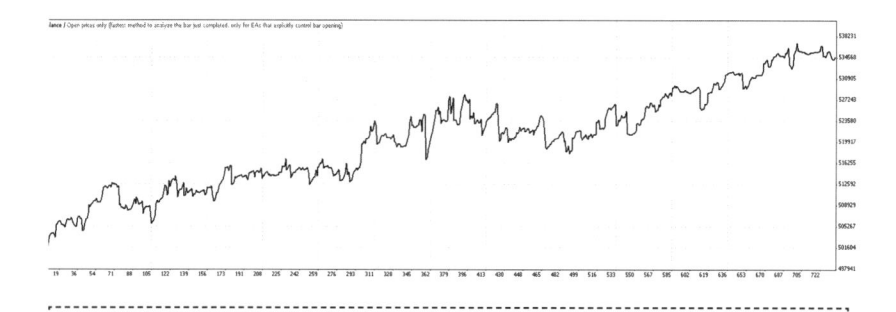

```
4時間足　ドル円
ユーロ円のRSI（期間：35）が50を下回ったら、ドル円売り。
ユーロ円のRSI（期間：35）が50を上回ったら、ドル円買い。
```

◆買いのみ

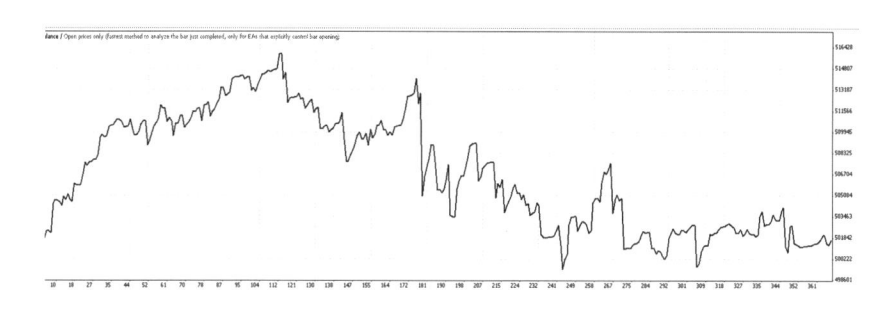

◆売りのみ

も多く、バックテストの信憑性という観点から非常に良い素材です。極端な話、年に数回のトレードだとバックテストをしてもサンプル数として十分ではなく、システムを信じることが難しいからです。

　ここまで、取引回数が多く、損益を伸ばすシステムを作ることができませんでした。月に数回のトレード、下手すれば月に一回もないというものもありましたが、トレード回数が多いシステム（素材）であれば、ほかのテクニカルと組み合わせて、さらにトレードを厳選するということができます。ぜひ、ほかのテクニカルと組み合わせたりして検証してみてください。

　自分なりの検証パターンが徐々に出来上がりつつあった私はまたいつものようにトレードの中身をみるべく「買い」と「売り」に分けてパフォーマンスを考察してみました。

　やはりこれまでの検証結果同様、「買い」はあまりパフォーマンスが良くなく（前ページの中段の資産曲線）、「売り」は安定していました（前ページの下段の資産曲線）。やはり円安局面では「買い」もコストを回収していますので、2012年1月現在は円高（下落）傾向が続いてますが将来的に円安（上昇）相場になる可能性も考慮して「買い」も併せてトレードするのもよいかもしれません。

　ユーロ円でそこそこうまくいったため、オージー円ではどうだろうかと試してみました。

　オージー円のほうはデフォルトの設定では思うようにコストを回収できていません（次ページの上段のグラフ）。オーストラリアらしい荒涼とした光景が広がっています。

　マーケットとテクニカルがかみ合っていないのでRSIの期間と売買ポイントを最適化してみました（次ページの下段のグラフ）。

　最適化の結果からRSIの期間を12から9にすると依然ドローダウンが大きいものの、円安局面・円高局面どちらでも安定してコストを回収できるようになり、パフォーマンスは大きく改善しました。

◆オージー円を見てドル円をトレード

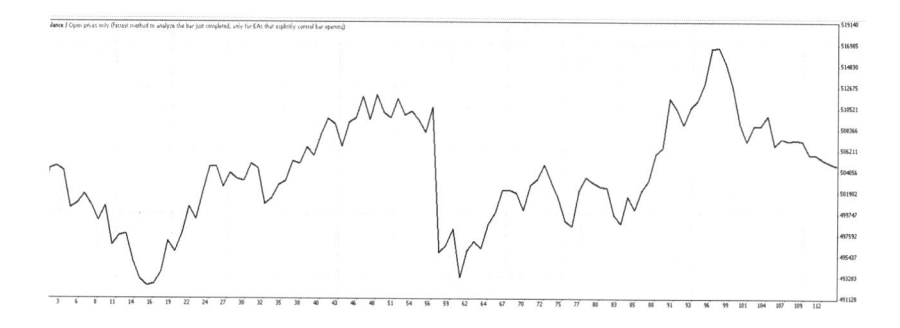

4時間足　ドル円
豪ドル円のRSI（期間：12）が30を下回ったら、ドル円買い。
豪ドル円のRSI（期間：12）が70を上回ったら、ドル円売り。

◆オージー円を見てドル円をトレード＋最適化

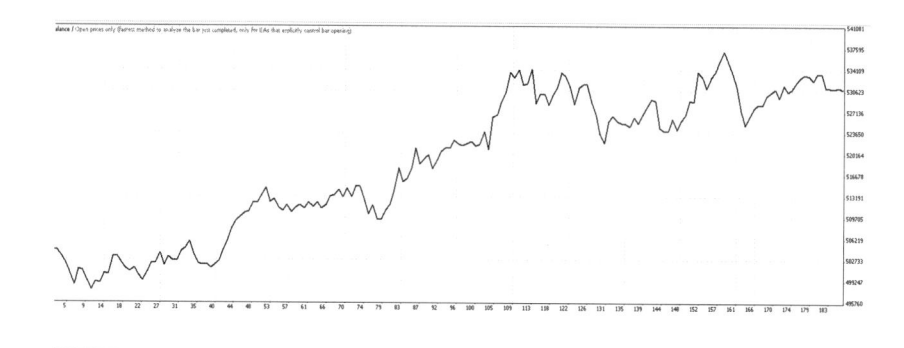

4時間足　ドル円
豪ドル円のRSI（期間：9）が30を下回ったら、ドル円買い。
豪ドル円のRSI（期間：9）が70を上回ったら、ドル円売り。

ですが、ユーロ円を見たときと比べると、トレード回数が格段に少なく、仮に負け込んだ場合、その損失を取り返すまでに長い期間を要してしまいます。私の寝こむ時間もそれに比例して長くなることが容易に想像できます。

しかし、トレード回数を多くしようとしてRSIの売買ポイントを緩くすると、コストの回収ができなくなってしまいました。マーケットとインディケータのかみ合わせがデリケートで、オージー円のRSIを見ながらドル円の動きをとらえるのはなかなか難しいなあとの印象を受けました。ここで島崎日記です。

> 取引対象以外の他通貨を見ながらトレードする手法を思いつき、受け売りではないアイデアが少し考えられるようになってきた。実際に検証をしてみると、一定の結果が出てきそうで手応えを感じた。ユーロ円とオージー円のほかにもさまざまな通貨ペアで検証することで意外な通貨ペアが先行指標の役割を果たしていたりと新しい発見があるかもしれない。なかなかオモシロくなってきたぞ。

素材になにを足して、トレードを厳選していくかというのは、素材を理解していないとミスマッチになりがちで、素材の良さを消してしまうケースが多々あると感じてしまった瞬間でもありました。フランスパンに納豆、フランスパンにイカの塩辛のような、おいしかったとしても多くの人にとってマニアックで理解しがたい組み合わせをご紹介しては意味がないと思っております。そのため、そういう組み合わせはご紹介していません。

また、食べ合わせと一緒で、この組み合わせが良いというマニアックな話や、単にフランスパンに納豆を試してみましたがダメだったという話を本書で展開するのではなく、後半はもっと素材を重視したシ

ンプルなものをご提示できればと思っております。

他通貨を見てみる　プログラム編

◆買いエントリー条件

> iCustom("EURJPY" ,0,"RSI",35,0,1) ＜ 50

↓ 日本語にすると……

> 1本前のバーのユーロ円の RSI が 50 より小さい

◆売りエントリー条件

> iCustom("EURJPY" ,0,"RSI",35,0,1) ＞= 50

↓ 日本語にすると……

> 1本前のバーのユーロ円の RSI が 50 以上

◆買いポジションのエグジット条件

　売りエントリー条件と同じ

◆売りポジションのエグジット条件

　買いエントリー条件と同じ

解説

ユーロ円の RSI に変身したい場合、下記のように記述します。

> iCustom("EURJPY",0,"RSI",35,0,1) ＜ 50
>
> ↑
> 通貨ペアの指定

下記に通貨ペア名の一例を載せておきます。

記号	意味
"USDJPY"	ドル/円
"GBPJPY"	ポンド/円
"NZDJPY"	ニュージーランドドル/円
"EURJPY"	ユーロ/円
"EURCHF"	ユーロ/フラン
"EURUSD"	ユーロ/ドル
NULL	プログラムを適用したチャート上の通貨ペア

　通貨ペア名の前後に"　"を付けるのを忘れないようにしましょう。なお、FX 業者によっては通貨ペア名の表記が"EURJPYFXF"などのように通常と異なる場合があります。そのときはその業者の通貨ペア名を記述してください。
　なお、トレードする通貨とは別の通貨を参照すると、バックテストに時間がかかる場合がありますので、気長に待ってください。

他通貨を見てみる　プログラム文　その1

※注目：下記のプログラムを4時間足に適用

```
// マジックナンバーの定義
#define MAGIC 7

// パラメーターの設定 //
extern double Lots = 1.0;      // 取引ロット数
extern int Slip = 10;          // 許容スリッページ数
extern string Comments = ""; // コメント

// 変数の設定 //
int Ticket_L = 0; // 買い注文の結果をキャッチする変数
int Ticket_S = 0; // 売り注文の結果をキャッチする変数
int Exit_L = 0;   // 買いポジションの決済注文の結果をキャッチする変数
int Exit_S = 0;   // 売りポジションの決済注文の結果をキャッチする変数


int start()
 {

  // 買いポジションのエグジット
  if( iCustom("EURJPY",0,"RSI",35,0,1) >= 50
    && ( Ticket_L != 0 && Ticket_L != -1 ))
  {
   Exit_L = OrderClose(Ticket_L,Lots,Bid,Slip,Red);
   if( Exit_L ==1 ) {Ticket_L = 0;}
  }

  // 売りポジションのエグジット
  if( iCustom("EURJPY",0,"RSI",35,0,1)< 50
    && ( Ticket_S != 0 && Ticket_S != -1 ))
  {
   Exit_S = OrderClose(Ticket_S,Lots,Ask,Slip,Blue);
   if( Exit_S ==1 ) {Ticket_S = 0;}
  }
```

次ページへ

他通貨を見てみる　プログラム文　その2

```
// 買いエントリー
if( iCustom( "EURJPY" ,0,"RSI",35,0,1) < 50
   && ( Ticket_L == 0 || Ticket_L == -1 )
   && ( Ticket_S == 0 || Ticket_S == -1 ))
{
  Ticket_L = OrderSend(Symbol(),OP_BUY,
                       Lots,Ask,Slip,0,0,Comments,MAGIC,0,Red);
}

// 売りエントリー
if( iCustom( "EURJPY" ,0,"RSI",35,0,1)  >= 50
   && ( Ticket_S == 0 || Ticket_S == -1 )
   && ( Ticket_L == 0 || Ticket_L == -1 ))
{
  Ticket_S = OrderSend(Symbol(),OP_SELL,
                       Lots,Bid,Slip,0,0,Comments,MAGIC,0,Blue);
}


return(0);
}
```

9　〜〜アイデア8〜〜
ブレイクアウト戦略を試してみる

　裁量トレード時代の私の十八番の手法は、ブレイクアウト戦略でした。しかし、結果は「金と共に去りぬ」とでもいいましょうか、とにかく気前よく散財しました。

　当時は客観的な根拠もなく「ブレイクアウト戦略は勝てる！」と思い込みで突っ走ってしまい、大やけどを負いましたが、今は違います。今は実際にプログラムしてその戦略の優位性をすぐに確認でき、問題があれば改善することもできます。

　まずは私のブレイクアウト戦略に優位性があったのか否かを調べてみました。私の戦略は、1時間足の終値が前日（日本時間の7時00分〜6時59分）の高値をブレイクしたら買い、安値をブレイクしたら売りというものです。

◆イメージ図（ドル円1時間足）

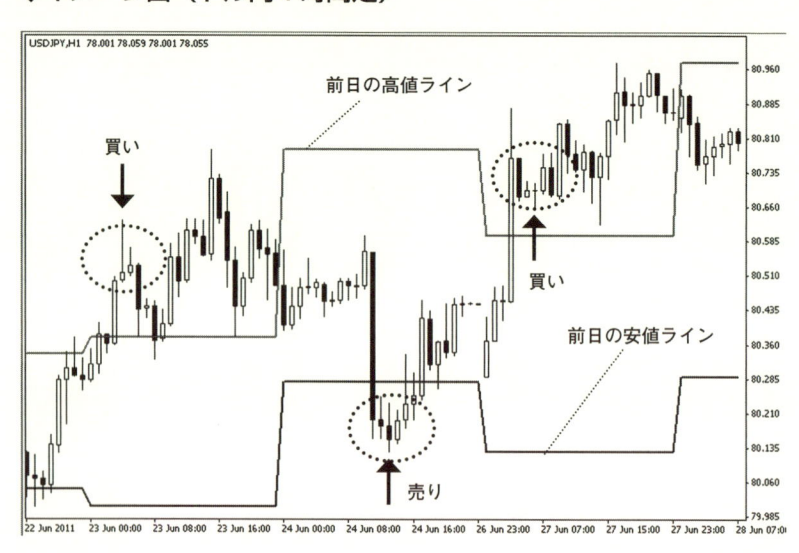

当時の自分の戦略をプログラミングして実際に検証してみると、やっぱり結果は散々でした。まったくブレイクしていません。勝てなかったのもうなづけます。

◆イメージ図（ドル円１時間足）

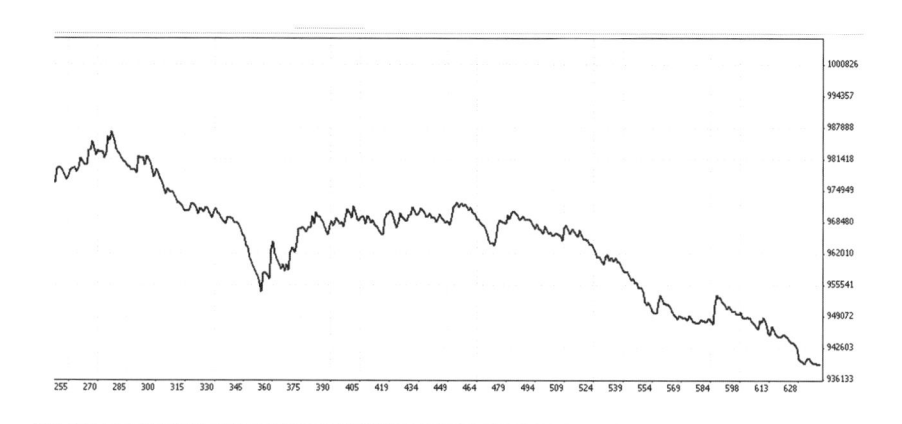

```
前日の高値　⇒　超えたら買い！
前日の安値　⇒　下回ったら売り！
※前日の定義は日本時間の7時00分〜6時59分まで。
※1時間足の終値が前日の高値安値をブレイクしたら次のバーの始値で売買。
```

　自分が知っているブレイクアウトの味はこんな"苦い味"ばっかりです。
　このままでは、大事な資金を吐き出すだけです。そこでブレイクアウト戦略の成績を上げる手はないかと、私の性能の悪い脳をフル回転させてアイデアを足そうと考えました。次ページ以降で、"それら"を紹介していきます。

> ～アプローチA～
> 取引対象（ドル円）以外の高値、安値を見て
> トレードしたらどうだろうか？

　取引対象のドル円のみで高値、安値を判断し、トレードをしていましたが、ドル円のブレイクではなく、他のクロス円のブレイクをシグナルにしてはどうだろうかと考えました。

　つまりクロス円がブレイクしたらドル円をトレードする戦略です。ボラティリティの高いクロス円が先にブレイクし、追ってドル円がブレイクすると仮定すると、クロス円がブレイクした時点でドル円をトレードすることによって、有利なポイントでエントリーできるのではないかと考えたのです。検証はクロス円の中でボラティリティが高いオージー円で行うことにしました。結果は次のようになりました（次ページ参照）。

　自分の仮説どおりに結果は出ませんでした。なかなか思ったようにうまくいきません。プログラム能力が上がれば、なんとかなるかもという淡い期待はもろくも崩れ去り、あらためてアイデアを出すことの難しさを痛感した瞬間でもありました。

　「人と同じことをやっていても勝てないのでは？」という想いがあったものの自分でアレンジした手法でも簡単には勝てないのだということを思い知らされました。トレードのアイデア出しを継続して、検証することは本当に困難なことなのです。

　しかし、せっかくプログラム能力が上がったのですから、ここで少しは結果を出してみたいと思い、ふんばります。

　やはり、アイデアです。もうひと工夫必要だと考え、うまくいかないのならそれを改善するにはどうすればよいかということです。そこで、投資手法の弱点、ここではブレイクアウトの弱点が分かるような

◆イメージ図（ドル円とオージー円）

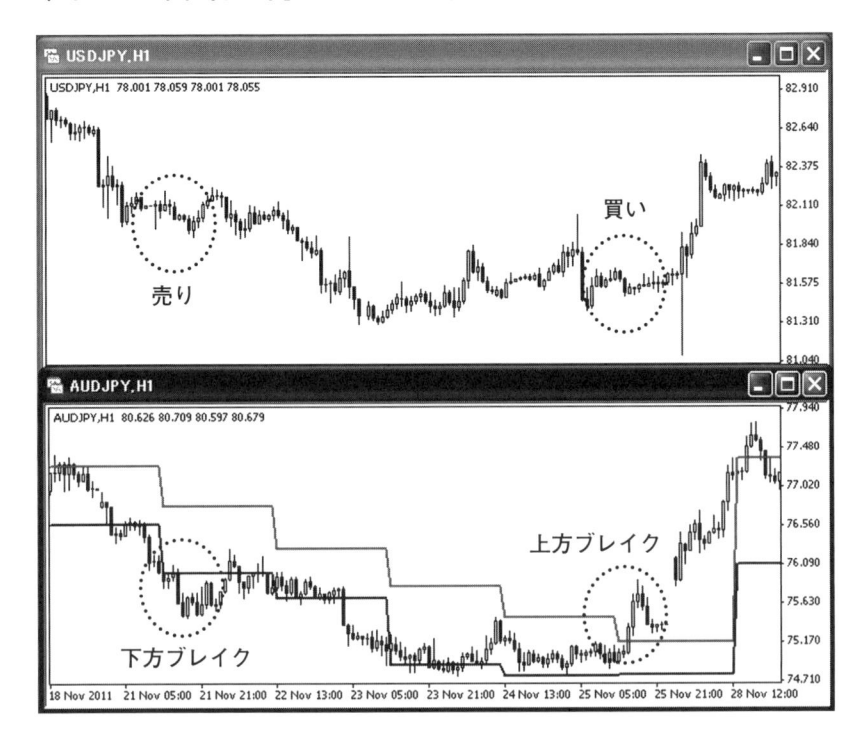

◆オージー円がブレイクしたときにドル円を取引した結果

効率的なバックテストができないかと考えた結果、「自分が設定した資金に対してある一定金額失ったらバックテストをいったんストップして、そのときの相場状況を考えてみる」という検証をしようと考えました。そうすることで、投資手法の弱点が見え、アイデアが浮かぶのではないかと考えました。

　余談ですが、シンプルなロジックであれば、改善案を出すのはたやすいと思います。しかし、複雑なロジックの場合（極論ですが、テクニカルを50種類組み合わせるなどの場合）、何を変更すれば改善されるのか想像もつかず、途方に暮れるのではないでしょうか。

　私は、複雑なロジックはダメだというつもりも、また単純なロジックであれば良いということを言いたいのでもありません。ただ、シンプルな考え方で検証しないと、そこで出てきた結果をさらに進化させて考えることが難しく、先がない検証になってしまうのではないかと思うのです。

　幸いなことに今回のブレイクアウト戦略は単純なロジックでしたので、改善案を考えることができると判断し、もう少し粘ってみることにしました。しかし、バックテスト結果の数値を眺めているだけでは、リアリティに乏しく、アイデアも浮かんできません。かといって、実際に取引を始めてから考えると相場が気になって平常心で考えることができないという性格のため、なんとか自分にあった検証方法を確立したいと考えました。

　そのひとつが、設定した資金に対して一定金額を失ったら、バックテストを一旦ストップするというものだったのです。バックテストが一旦ストップした時期の相場状況をチャートで見るなりして、システムの弱点を考え、仮説を立て、その仮説をバックテストをしてみるというものです。後ほど、一連の流れを実際に画像などでご紹介したいと思います。まずは箇条書きでまとめます。

①テクニカル分析を iCustom で EA 化する
②バックテストを試してみる
③「②」のバックテストとは別に、一定金額を失ったら一旦システムを止めるプログラムを追加して、自分なりのバックテストをする
④システムが止まったら、その時期の相場を分析して、EA の改善を試みる
⑤再度、バックテストを試してみる
⑥再度、一定金額失ったら一旦システムを止めるプログラムを追加して自分なりのバックテストをする

　システムを止める基準は、「損益のピーク時点から一定金額失ったら」や「初期資金から一定金額失ったら」など、自分のリスクの取り方によってさまざまです。私は「損益のピーク時点から一定金額失ったらシステムを止める」ようにしてバックテストをしました。

　それでは一連の流れを詳細に見ていきます。すでに①と②はご紹介しましたので、③から実際の画像などを交えてご紹介していきます。

　まずは、③の作業です。オージー円のブレイクポイントを見てドル円をトレードするシステムに、口座残高がピークから1万3000ドル減少したらシステムをストップするプログラムを書き加えました。

　なぜドルなのかと言うと、メタトレーダーのバックテストでは口座残高や損益がドル表示になっているからです。2012年のドル円が約77円ですから、1万3000ドルは、約100万円相当になります。

　2005年の1月から運用をスタートして、初期資金を上回る期間がほとんどないまま2005年11月にピークから1万3000ドルの損失を出してシステム停止となりました（次ページの上図参照）。このようなバックテストをすることで、よりリアルに過去のトレードを見直すことができました。

　次ページの下図の○の箇所でシステムはあえなく停止しました。

そこで、④で改善案を考えます。私はアプローチBとアプローチCを考えました。

◆1万3000ドルの損失

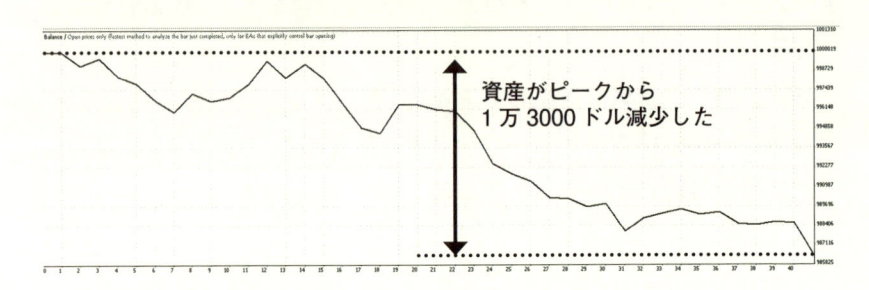

◆システム停止

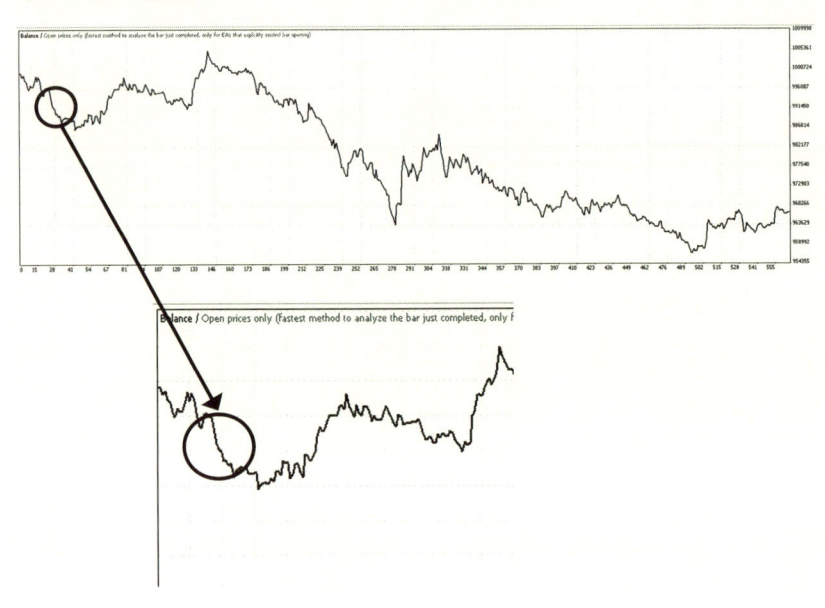

～アプローチB～
オージー円以外の通貨で高値、安値を見ても駄目なのか？

　一定金額（約100万円）を失ってバックテストが止まった時期、すなわち2005年11月前後の取引対象であるドル円に注目しました。下記の画像をご覧ください。

　きれいな上昇相場です。そのときのオージー円の相場はやややフラット相場です。ボラティリティの高いオージー円が先にブレイクし、追ってドル円がブレイクすると仮定したのですが、実際にチャートを見てみると、オージー円はドル円と同じ方向に動いていませんでした。結果、ドル円にはきれいにトレンドが出ているのにかかわらず、オージー円のブレイクをシグナルとしてエントリーしても利益が出せていないと分かりました。

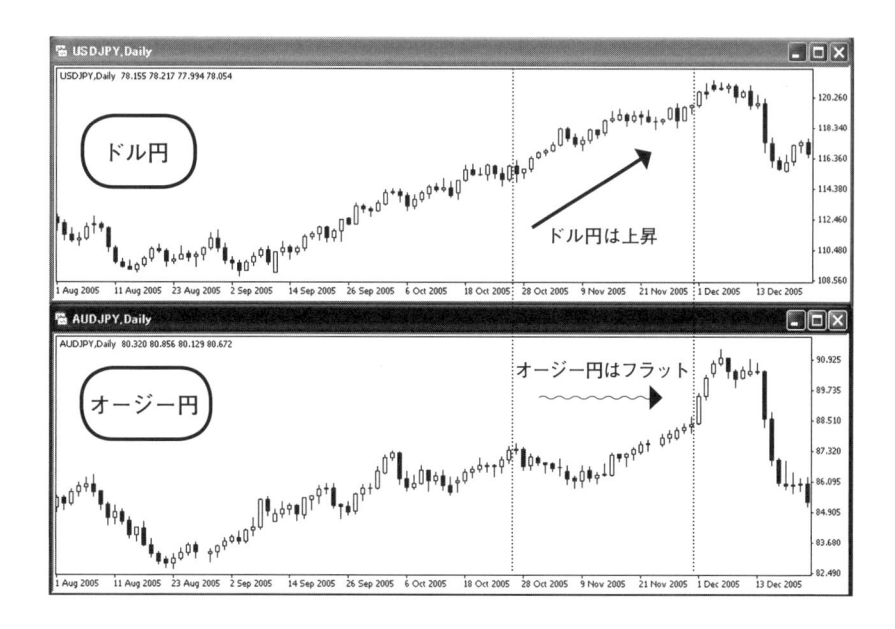

そこで、ほかのクロス円の2005年11月前後のチャートを見るとどうなっているのだろうかと考えてみました。いろいろなクロス円のチャートを見ているうちに、ユーロ円のチャートがドル円と同じ方向に動いていることに気がつきました。そこで「ユーロ円の高値、安値を見ること＝ブレイクポイントとして使用できるのでは」と考えました。

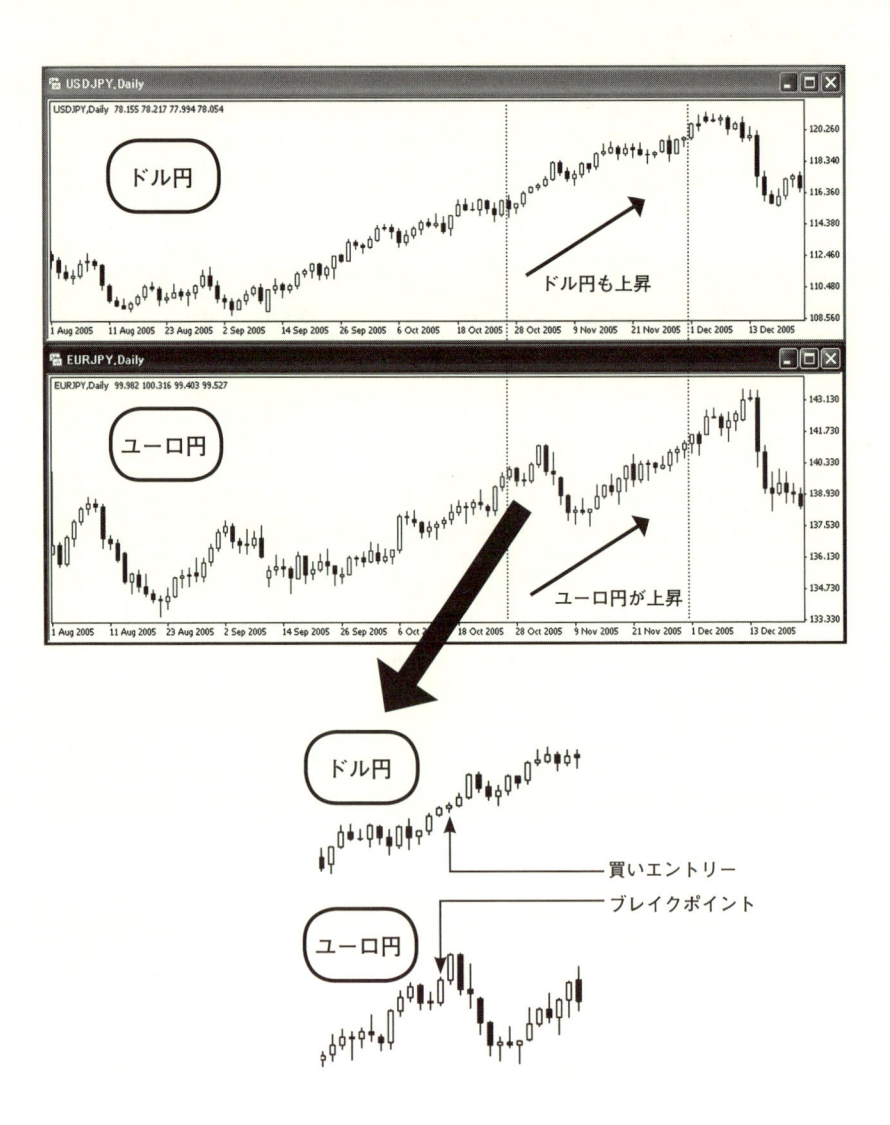

改善案を再度バックテスト（⑤）します。

【アプローチ B の検証結果】

ユーロ円の前日の高値を超えたらドル円を買い、ユーロ円の前日の安値を下回ったらドル円を売るパターンです。アプローチ B のイメージとバックテスト結果は以下のとおりです。

◆アプローチ B のイメージ

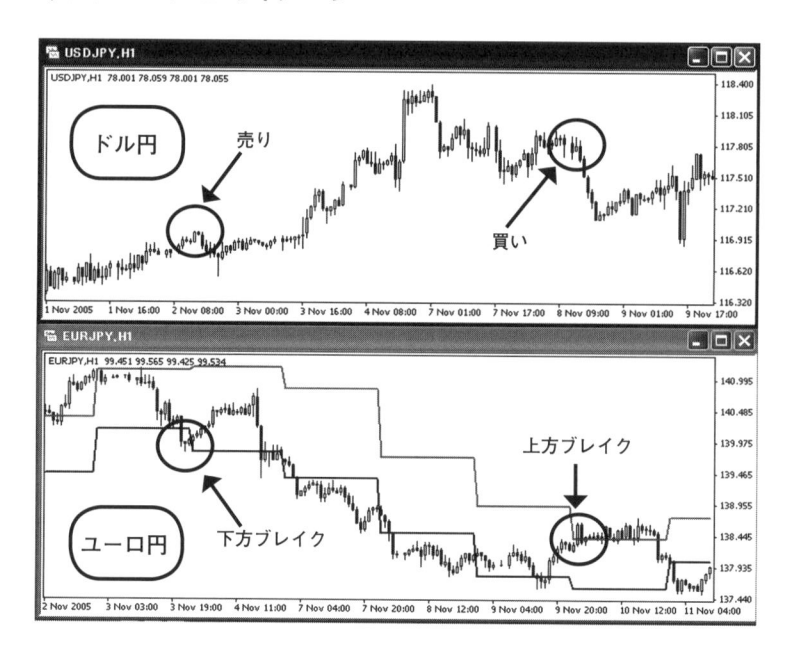

◆アプローチ B のバックテスト結果

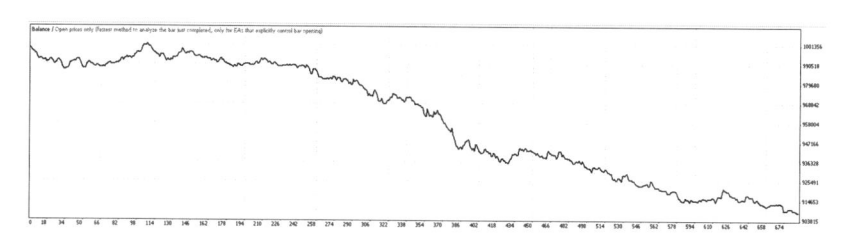

〜アプローチＣ〜
どうやら通貨ペアだけの問題ではないのかも……。
では、売買のタイミングは想定どおりなのか？

　アプローチＢの結果は、想定していたものとまったく逆でした。そこで考えたのが、ここで紹介するアプローチＣです。

　繰り返しにはなりますが、2005年11月前後のドル円はきれいな上昇相場になっているものの、ブレイクアウト戦略ではうまくその上昇相場に乗れていません。売買のタイミングを検証してみると、ピークでエントリーしているケースが多く（下図参照）、損益の発生パターンは乱高下の激しいジェットコースターになっていました。まさしくブレイクアウトした時点がピーク（天井）だったという最悪のパターンです。

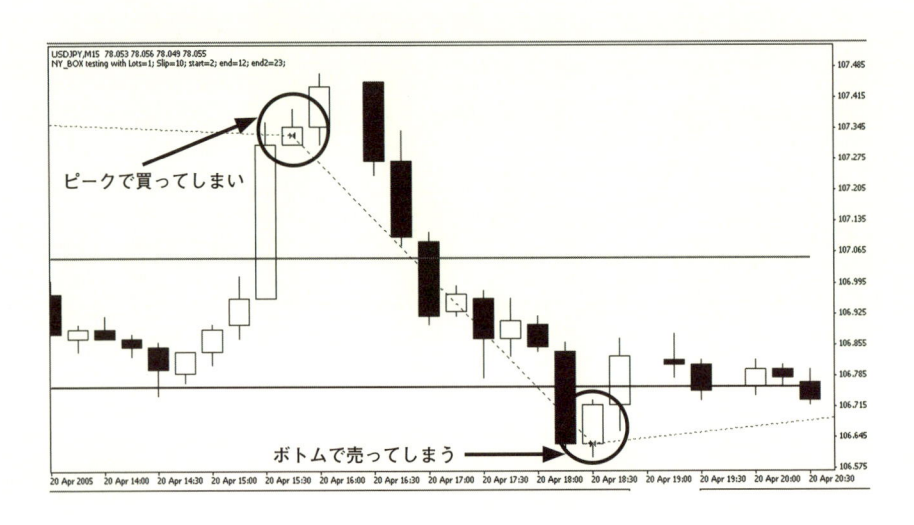

それならば、「ブレイクした時点で逆張りを試してみるのは？」という仮説を立てました。

【アプローチＣの検証結果】

　ユーロ円の前日の高値を超えたらドル円を売り、ユーロ円の前日の安値を下回ったらドル円を買うパターンです。

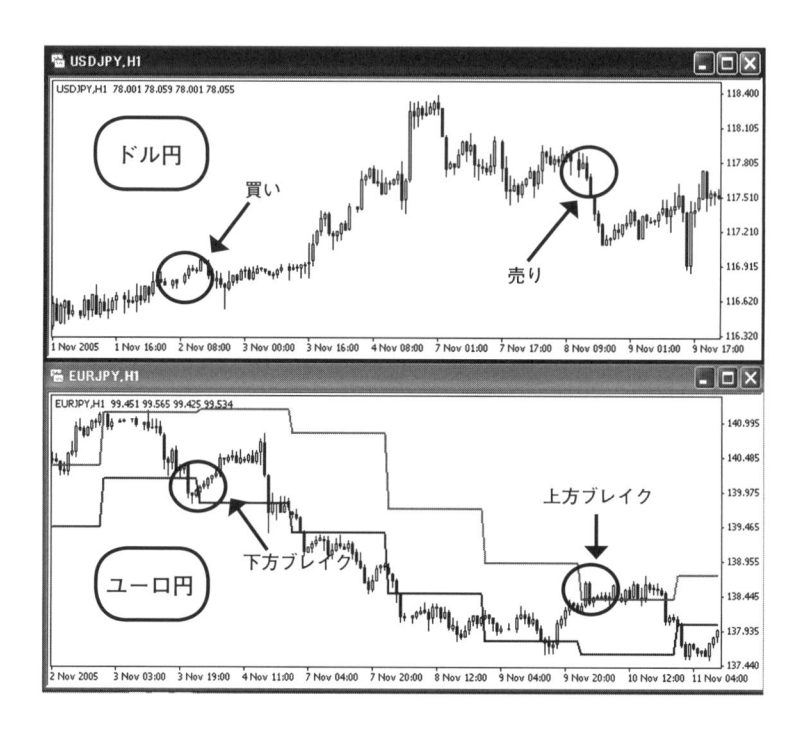

アプローチ C のバックテスト結果は下図のとおりです。

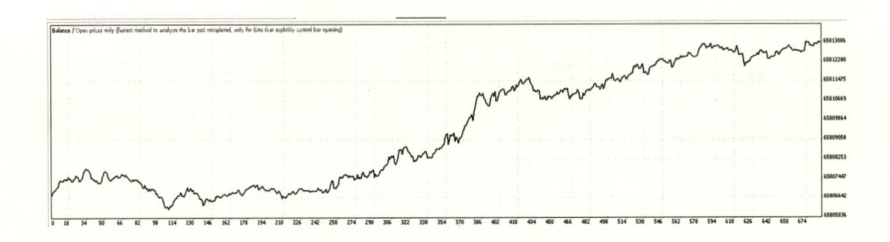

　ようやく、少し改善することができたので、ここで「一定金額を失ったらシステムを止める（⑥）」作業を検証します。「アプローチ C」のシステムに、口座残高がピークから1万3000ドル減少したらシステムをストップするプログラムを書き加えました。
　2005年の1月から運用をスタートして初期資金を上回る期間がほとんどないまま2006年2月にピークから1万3000ドルの損失を出してシステム停止となりました。次ページの下図の〇の箇所でシステムはあえなく停止しました。
　そこで、再び、141ページの④に戻り改善案を考えます。この繰り返しです。

◆1万3000ドルの損失

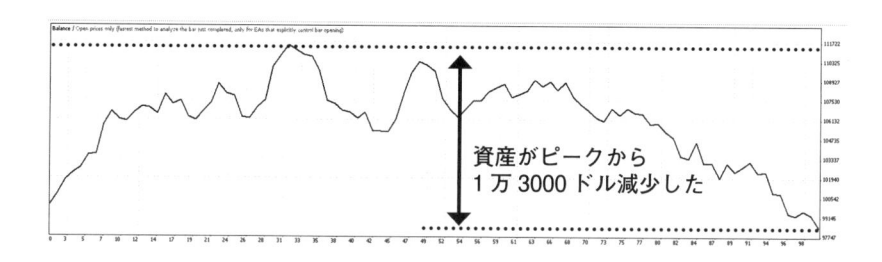

資産がピークから
1万3000ドル減少した

◆システム停止

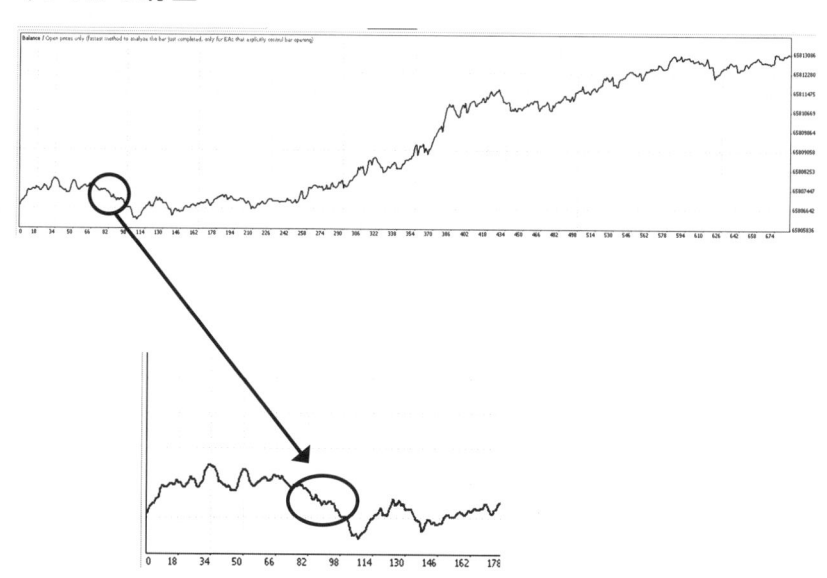

~アプローチD~

ここまで取引対象（ドル円）以外に注目してきた。
ここで、あらためて取引対象を見直したら
改善案が生まれるのではないだろうか？

バックテストが止まったことを受け、この時期、すなわち2006年2月前後の取引対象であるドル円に注目してみました。次ページの画像をご覧ください。動きはあるもののフラット相場です。それに対して、ユーロ円はきれいな上昇相場です。

ここまでで、ひとつの結論を自分なりに導き出しました。

取引対象である通貨ペア、高安を判断している通貨ペアのいずれか一方がフラット相場だと、当該手法（逆張り手法）は利益を出す可能性が低いのでは？
つまり、2つの通貨ペアが同じ動きをしている必要があるのでは？

高値安値を判断している通貨ペア、ここではユーロ円です。取引対象である通貨ペアはドル円です。その両方が同じ方向に動いていないと当該手法は通用しないのではないかとの自分なりの結論に達します。つまり、この負けはある意味、この手法では健全（限界）で、もっとよりよい改善の仕方があるかもしれませんが、ここではこの負けを一旦受け入れることにしました。その代わりに、2006年2月のユーロ円が上昇しているということに着目し、ユーロクロスで、同期間に

上昇しているものを見れば、2006年2月前後の損益は改善できるのではないかと考えました。

◆ドル円とユーロ円の動き

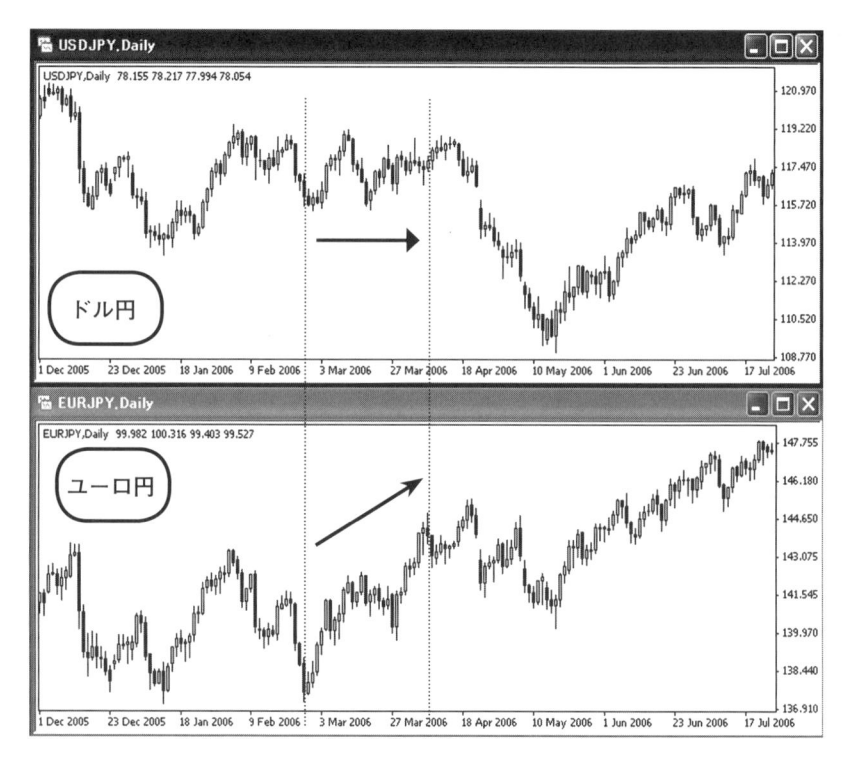

[USDJPY Daily チャート — ドル円]

[EURJPY Daily チャート — ユーロ円]

⬇

ドル円が横ばいで動いているときユーロ円は上昇している

⬇

ユーロ円と同じ動きをしている通貨ペアは？

～アプローチ E（アプローチ D を踏まえて）～
2006 年 2 月のユーロ円と同じ動きをしているユーロクロスは？

　これはすぐに見つかりました。ユーロドルです。ユーロ円と同様のきれいな上昇を示しています。

◆ユーロ円とユーロドルの動き

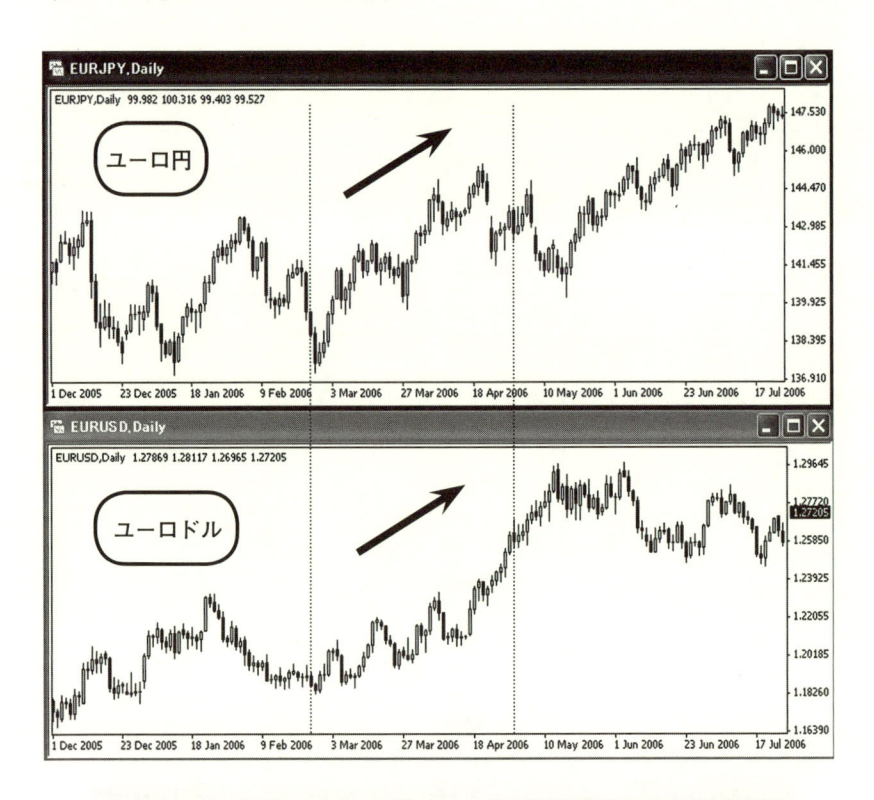

ユーロ円とユーロドルの動きは似ている

ここまでは円同士で同じ動きの通貨を見てきましたが、アプローチD（2つの通貨ペアが同じ動きをしている必要があるのではないか）とアプローチE（ユーロ円と同じ動きをしていたのはユーロドルだった）を受け、ユーロ同士で同じ動きをしている通貨も見たくなりました。ちょうどそれは和食ばかり食べていたら洋食が食べたくなったような感覚です。

　ちなみに、円同士とは、いわゆる「クロス円」のことで、「ユーロ円」「オージー円」などに代表されるように、基本的には、後ろに「円」が付くものを指します。

　また、ユーロ同士とは、いわゆる「ユーロクロス」のことで、「ユーロ円」「ユーロポンド」などに代表されるように、基本的には、前に「ユーロ」が付くものを指します。

〜アプローチF〜

今までは円同士の組み合わせの動きを
中心に見てきたが、
ユーロ同士の組み合わせだとどうなるのかを
試してみたら？

　そこで、ユーロドルの高値安値を見て、ユーロ円をトレードするというバックテストをしてみます。

【アプローチＦの検証結果】

　ユーロドルの前日の高値を超えたらユーロ円を売り、ユーロドルの前日の安値を下回ったらユーロ円を買うパターンです。

◆アプローチＦのイメージ図

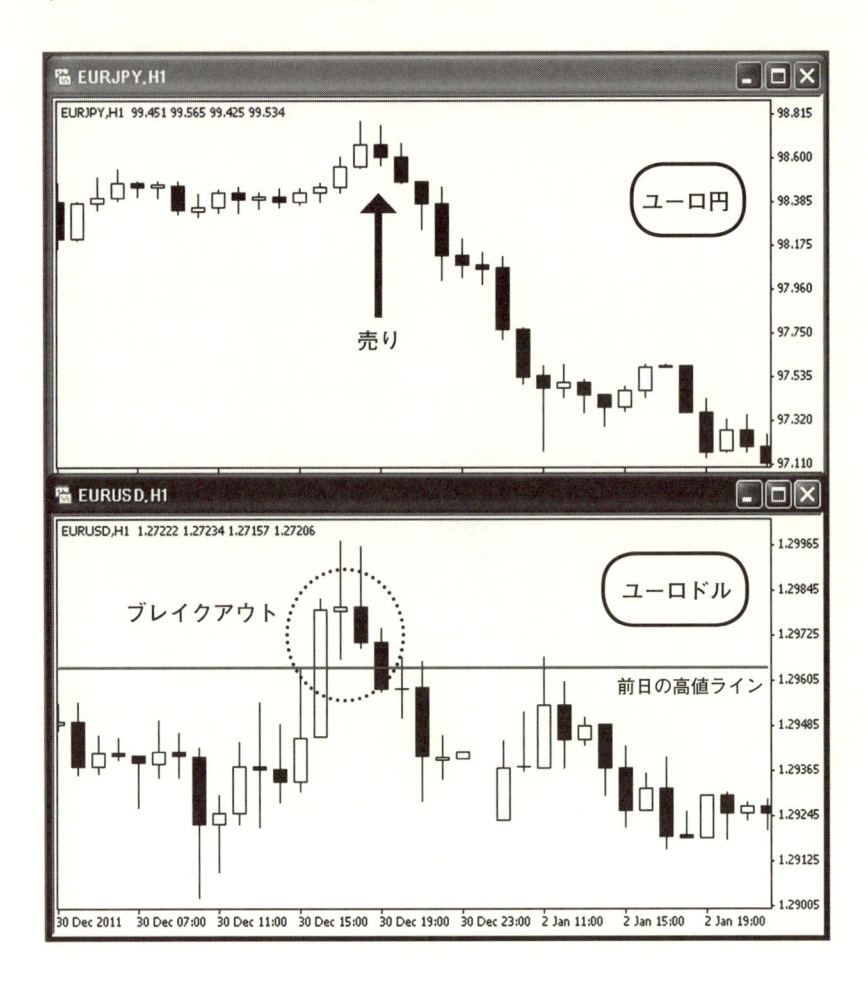

再び、改善案（⑤）をバックテストしてみました。バックテスト結果は下図です。

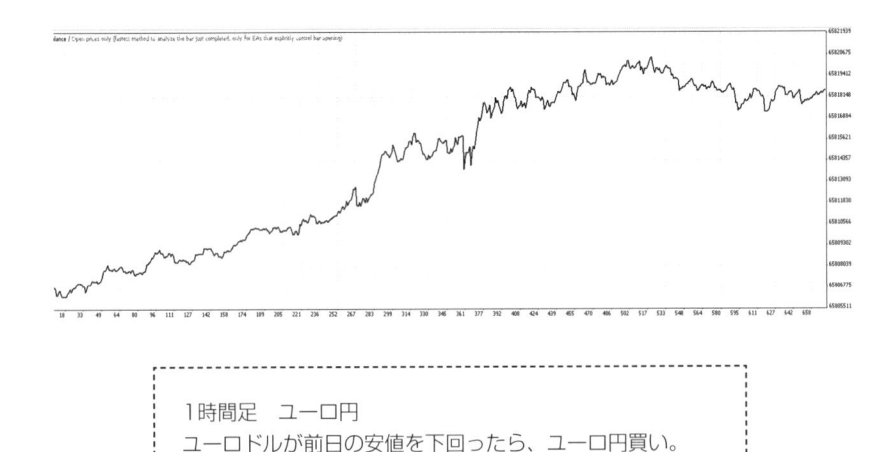

```
1時間足　ユーロ円
ユーロドルが前日の安値を下回ったら、ユーロ円買い。
ユーロドルが前日の高値を上回ったら、ユーロ円売り。
```

　逆説を試してみることは重要です。今回のアイデア出しも思いがけないところからやってきて、いろいろなことを教えてくれました。
　今回のケースは、ブレイクアウトでの私の弱点である「高値で買って、安値で売る」を改善するものでした。試行錯誤の結果、取引対象の通貨ペアと、高値安値を判断している通貨ペアを変えるという結論にたどり着きました。
　このようにシンプルがゆえに改善案も検討できるし、実際にトレードをして負けてきても理由が明確なので、こういった観点も視野に入れてEA作りを考えていかなくてはと思った瞬間でもありました。
　ぜひ、皆様もシンプルなロジックで検証をして、それを改善してみてください。アイデア出しの練習になることは間違いなしですし、結果がついてくれば、自分にも改善できるのだという自信もつきます。

さて、再び⑥の作業に戻りましょう。ユーロドルのブレイクポイントを見てユーロ円をトレードするシステムに、口座残高がピークから1万3千ドル減少したらシステムをストップするプログラムを書き加えました。

損益曲線をぱっと見た瞬間は「キター！」と思いましたが、結果は残念ながら、2008年の5月にストップでした。

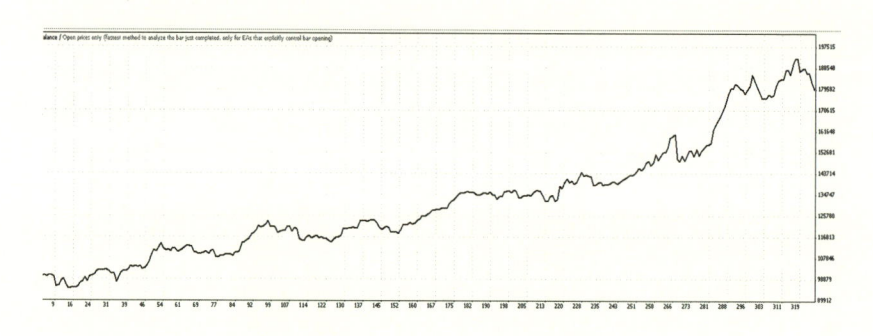

下図の○の箇所でシステムはあえなく停止しました。

今度こそシステムがストップすることなく最後までトレードしきれると思っていたのですが、一度のトレードで2万ドルを失いました。

資産曲線的には2008年の5月後も増えていますが、2008年の5月

の時点では、その後の未来は誰にも分かりません。このシステムを2008年の5月のタイミングで「信用できるかどうか」だと思います。

ですので、このシステムをいったん止めて様子を見るのもひとつの考えですし、システムが止まった時点にフォーカスして、再度、改善するのもひとつの考えだと思います。現時点での私は、このシステムに執着するのではなく、別のシステムでカバーするほうがよいのではないかという考えに至っています。しかし、なかなかどうして、これも難しいことです。「こうしたい」という結論はありますが、まだ暗中模索を続けています。

負け惜しみではありませんが、2006年前後の損益は想定どおりに改善できたというのが、せめてもの救いです。以下は島崎日記です。

> 新たなバックテストを取り入れたことで、今まで以上にリアルに考えることができるようになった。システムが一度不調になってもそこから自分で改善できたことが非常に嬉しい。
>
> 今までの負けとこれからの負けは違う。今までの負けはなにがなにやら分からないうちに負けていた。これからは負けた要因がほんの少しだけだが明確になった。今日検証したシステムは取引する通貨ペアと高値安値を見る通貨ペアが同じ方向に動いていないと機能しないのではないかと自分なりに結論づけることができた。
>
> とにかく、このバックテストで明日からもいろいろなアイデア出しをやってみよう。

翌日に思いついたアイデアの検証結果をお見せいたします。自慢できるほどの結果ではありませんが、「フランスパンに合う食べ合わせはなんなのか」の一例として見てください。あくまで参考ですから、ご自分でもっと良い食べ合わせを見つけてみてください。チャレンジ

して、自分なりのスタイルを築いていただきたいと思います。

　次ページは逆張りの発想に順張りの要素を取り入れたときの検証です。

　売りエントリーの例で言えば、上方ブレイクアウトしたらすぐにエントリーするのではなく、ブレイクしたあとに勢いがなくなり、ボリンジャーバンドの中心バンドよりも下落したらエントリーするという順張り的な要素を入れてみました。ご参考までに。

◆逆張り＋順張りのイメージ図

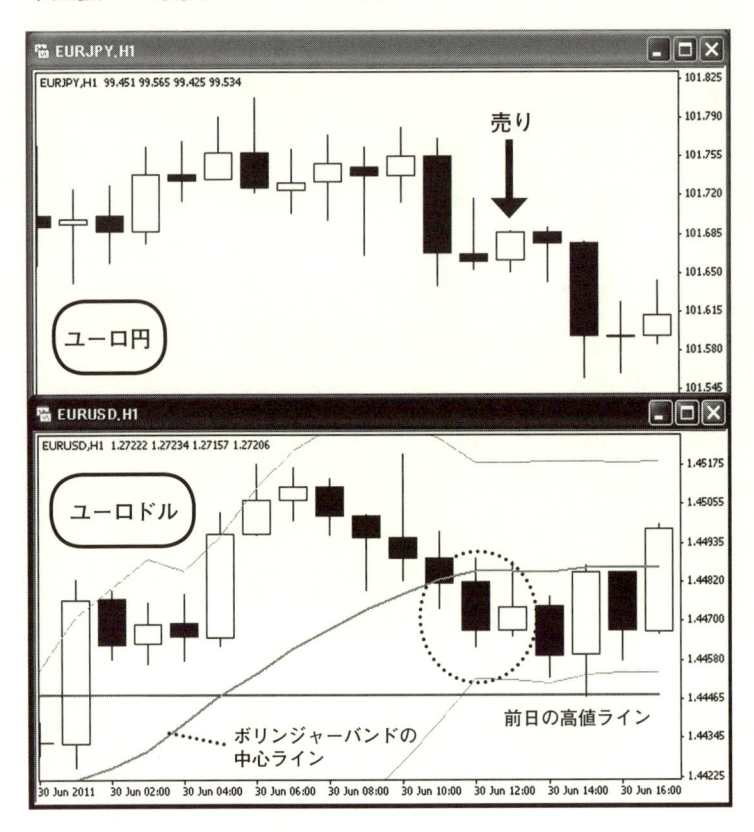

◆逆張り＋順張りの資産曲線

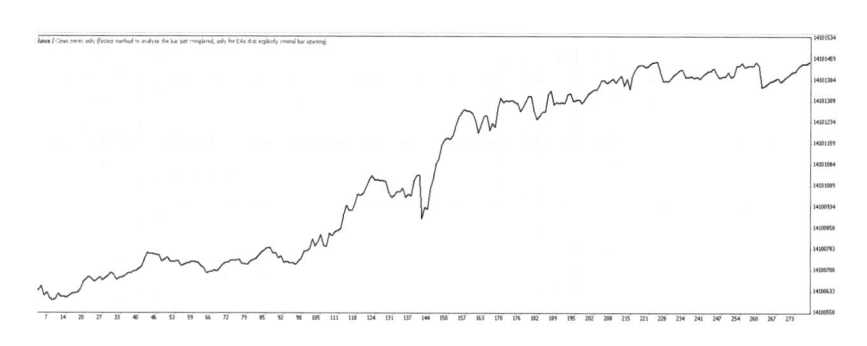

1時間足　ユーロ円
ユーロドルが前日の安値を下回る、かつ、ユーロドルの1時間足の終値がボリンジャーバンドの中心バンドを上回ったら、ユーロ円買い。
ユーロドルが前日の高値を上回る、かつ、ユーロドルの1時間足の終値がボリンジャーバンドの中心バンドを下回ったら、ユーロ円売り。

ブレイクアウト　プログラム編

◆買いエントリー条件

> iCustom(NULL,0,"NY_Box",0,0,0,1) ＜ Close[1]

　　　　　↓　日本語にすると……

> 前日の高値より1本前のバーの終値が大きい

◆売りエントリー条件

> iCustom(NULL,0,"NY_Box",0,0,1,1) ＞ Close[1]

　　　　　↓　日本語にすると……

> 前日の安値より1本前のバーの終値が小さい

◆買いポジションのエグジット条件

　売りエントリー条件と同じ

◆売りポジションのエグジット条件

　買いエントリー条件と同じ

解説

ブレイクアウトはテクニカル指標を使った戦略ではありませんが、iCustom 関数を使ってシステムを作ることが可能です。

特典としてダウンロードできる（15 ページ参照）インディケータ「NY_Box」を使用します（前作のおまけインディケータと同じものです）。「NY_Box」は「○時から○時まで」と指定された時間帯の高値と安値を描画するインディケータです。

◆ 「NY_Box」の使用例

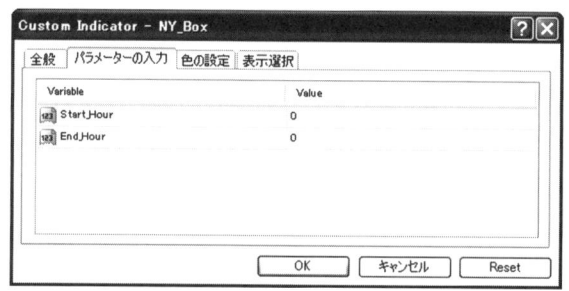

「NY_Box」のパラメーターの「Start_Hour」に「0」、「End_Hour」に「0」と入力すると前日（メタトレーダー時間の前日0時から翌0時まで）の高値・安値ラインを描画します。

iCustom関数と「NY_Box」を使って、「前日の高値」は下記のように記述します。

iCustom(NULL,0,"NY_Box",0,0,0,1)

前日0時から翌0時
（メタトレーダー時間）

高値ラインに変身する場合⇒0

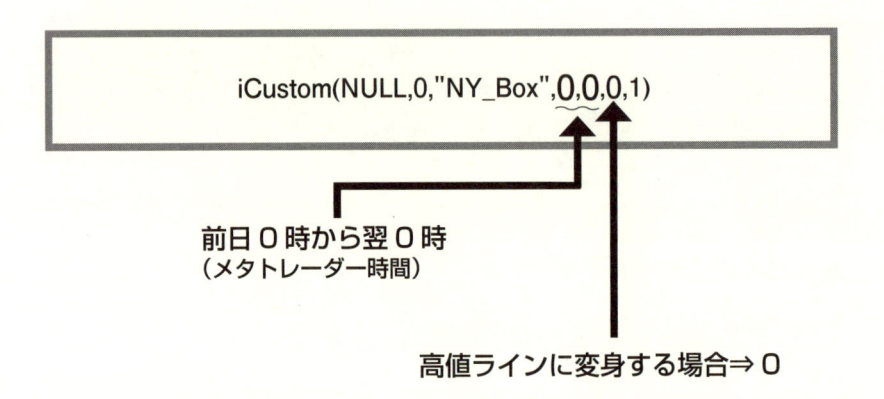

本書でご紹介したFXDDのヒストリカルデータを前提にご説明しましょう。例えば、0と代入すると日本時間の午前7時（夏時間時は6時）を意味します。したがって、上記の前日0時から翌日0時は日本時間7時00分から翌日6時59分を意味します（夏時間は6時00分から5時59分）。

iCustom関数と「NY_Box」を使って「前日の安値」は下記のように記述します。

iCustom(NULL,0,"NY_Box",0,0,1,1)

前日0時から翌0時
（メタトレーダー時間）

安値ラインに変身する場合⇒1

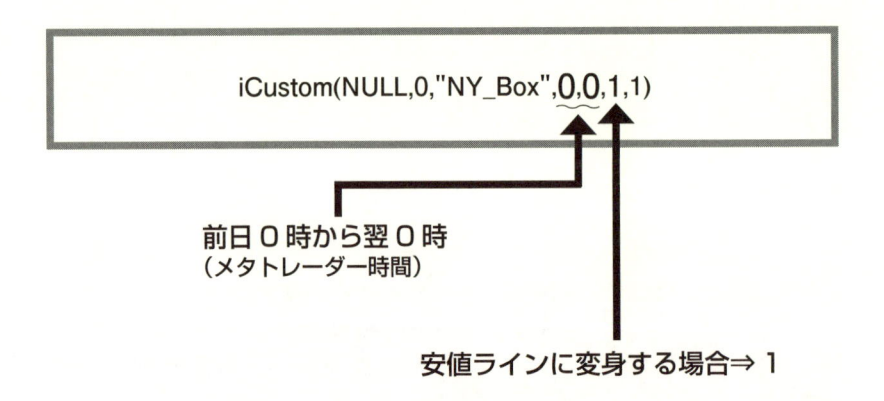

なお、FX業者によって基準時間が異なるため、日足の始まりの時間もFX業者によって異なります。
「前日の高値をブレイクしたら」は下記のように記述します。

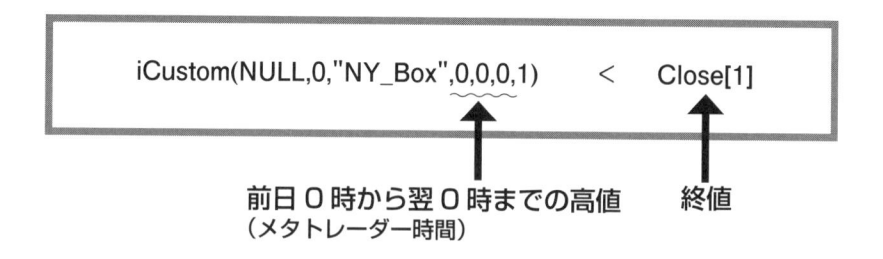

```
iCustom(NULL,0,"NY_Box",0,0,0,1)   <   Close[1]
```

前日0時から翌0時までの高値　　終値
（メタトレーダー時間）

　本書の例ではEAを1時間足に適用しているため、Close[1]は1時間足の終値になります。つまり「7時から6時59分の高値を1時間足の終値が上回ったら」となります。エントリー条件に合致したかどうかの判断は、値の確定していない現在のバーの終値（Close[0]）ではなく、値の確定している1本前のバーの終値（Close[1]）を使います。
　同様の方法で、「前日の安値をブレイクしたら」は、下記のように記述します。

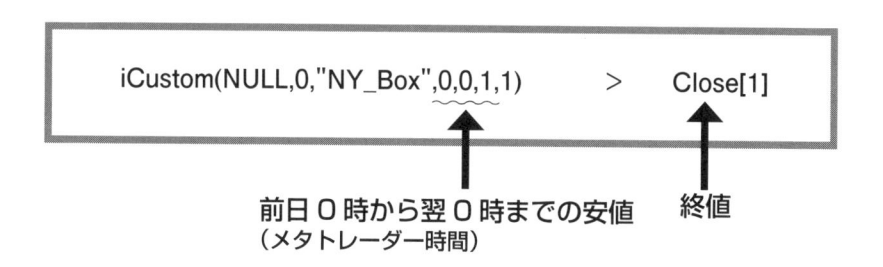

```
iCustom(NULL,0,"NY_Box",0,0,1,1)   >   Close[1]
```

前日0時から翌0時までの安値　　終値
（メタトレーダー時間）

ブレイクアウト逆張り　プログラム編

◆買いエントリー条件

> iCustom("EURUSD",0,"NY_Box",0,0,1,1) ＞ iClose("EURUSD",0,1)

↓ 日本語にすると……

> ユーロドルの前日（日足の始まりを0とする）安値より
> 1本前のバーの終値が小さい

◆売りエントリー条件

> iCustom("EURUSD",0,"NY_Box",0,0,0,1) ＜ iClose("EURUSD",0,1)

↓ 日本語にすると……

> ユーロドルの前日（日足の始まりを0とする）高値より
> 1本前のバーの終値が大きい

◆買いポジションのエグジット条件

　売りエントリー条件と同じ

◆売りポジションのエグジット条件

　買いエントリー条件と同じ

解説

　ユーロ円に EA を適用しながら、例えばユーロドルの前日の安値ラインを表現するには下記のように記述します。

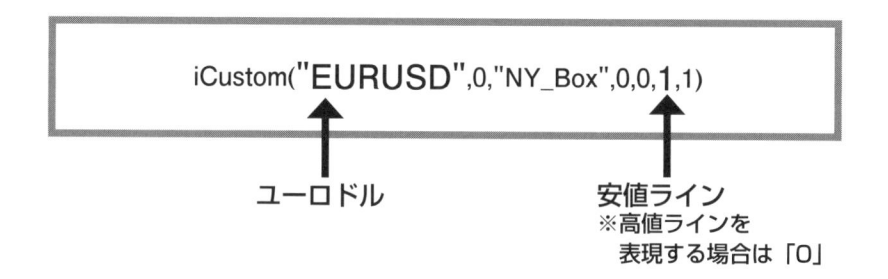

```
iCustom("EURUSD",0,"NY_Box",0,0,1,1)
```
　　　　　　　↑　　　　　　　　　↑
　　　　ユーロドル　　　　　　安値ライン
　　　　　　　　　　　　　　※高値ラインを
　　　　　　　　　　　　　　　表現する場合は「0」

　ユーロ円に EA を適用しながら、ユーロドルの終値を表現するには、アイデア 3 の「チャートパターン」で登場した「iClose」を使って下記のように記述します。

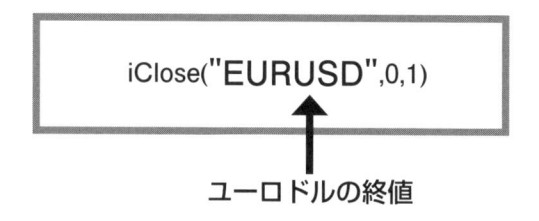

```
iClose("EURUSD",0,1)
```
　　　　　　↑
　　ユーロドルの終値

　上記を踏まえて、ユーロ円に EA を適用しながら、「ユーロドルの前日の安値ラインをブレイクしたら」を表現するには、下記のように記述します。

```
iCustom("EURUSD",0,"NY_Box",0,0,1,1) > iClose("EURUSD",0,1)
```

一定金額の損失でシステムストップ　プログラム編

まず、名前は何でもかまいませんのでプログラムの冒頭（int start()より上の部分）に変数を作成します。口座残高のピーク値を保持する変数ですので、本書では「AccountPeak」という名前にしました。詳細は後ほど解説します。

```
//マジックナンバーの定義
#define MAGIC  10

//パラメーターの設定//
extern double Lots = 1.0;       //取引ロット数
extern int Slip = 10;           //許容スリッページ数
extern string Comments = "";    //コメント

//変数の設定//
int Ticket_L = 0;  //買い注文の結果をキャッチする変数
int Ticket_S = 0;  //売り注文の結果をキャッチする変数
int Exit_L = 0;    //買いポジションの決済注文の結果をキャッチする変数
int Exit_S = 0;    //売りポジションの決済注文の結果をキャッチする変数

double AccountPeak;    ← ここに作成！

int start()
  {

  //買いポジションのエグジット
  if( iCustom("EURUSD",0,"NY_Box",0,0,0,1) < iClose("EURUSD",0,1)
      && ( Ticket_L != 0 && Ticket_L != -1 ))
    {
    Exit_L = OrderClose(Ticket_L,Lots,Bid,Slip,Red);
    if( Exit_L ==1 ) {Ticket_L = 0;}
    }

  //売りポジションのエグジット
  if( iCustom("EURUSD",0,"NY_Box",0,0,1,1) > iClose("EURUSD",0,1)
      && ( Ticket_S != 0 && Ticket_S != -1 ))
    {
    Exit_S = OrderClose(Ticket_S,Lots,Ask,Slip,Blue);
    if( Exit_S ==1 ) {Ticket_S = 0;}
    }

  //一定金額の損失でストップ
  if( AccountPeak < AccountBalance()  )AccountPeak = AccountBalance();
  if( AccountPeak - AccountBalance() > 13000)return(0);
```

定型文のエグジット文とエントリー文の間に次のプログラムを挿入します（定型文は初めにエグジット文、次にエントリー文が書かれています）。

```
if( AccountPeak < AccountBalance() )AccountPeak = AccountBalance();
    if( AccountPeak - AccountBalance() > 13000 )return(0);
```

↓ 日本語にすると……

もし AccountPeak より現在の口座残高が多ければ、AccountPeak に現在の口座残高を代入します。
もし AccountPeak より現在の口座残高が1万3千ドル超減少していればプログラムを停止します

エグジット文

システムストップのプログラム文

エントリー文

解説

「AccountPeak」は口座残高のピークを表します。例えば、下図の資産曲線では「AccountPeak」は矢印で示したところです。

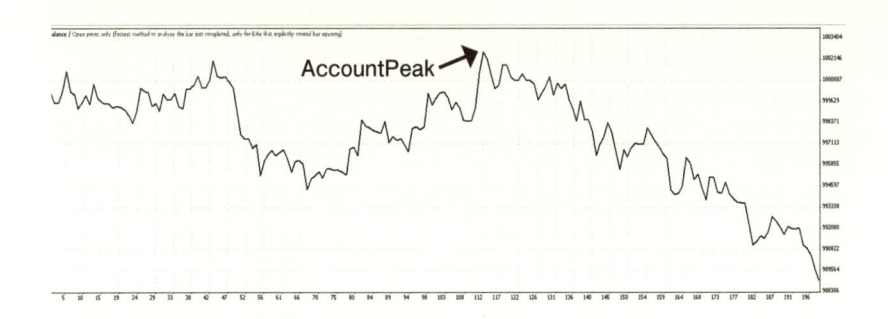

「AccountBalance()」はメタトレーダーに初めから用意されている関数で現在の口座残高を表します。

「AccountPeak」から「AccountBalance()」を引いたもの、つまり口座残高のピークから現在の口座残高を引いたものが1万3000ドル超だった場合（つまり1万3000ドル超の損失を出した場合）、return(0)します。

return(0)とはプログラムを止める呪文です。return(0)より下に書かれたプログラムは止められてしまい一切動きません。

定型文のエグジット文とエントリー文の間に挿入したのも、1万3000ドル超の損失を出した場合にエグジットはしてもよいですが、エントリーについてはもうさせないためです。

※このプログラムはバックテスト用です。リアルトレードでは一定以上の損失が出た場合でもプログラムは止まりませんのでご注意ください。

ブレイクアウト　プログラム文　その１

※注目：下記のプログラムを１時間足に適用

```
// マジックナンバーの定義
#define MAGIC  8

// パラメーターの設定 //
extern double Lots = 1.0;     // 取引ロット数
extern int Slip = 10;         // 許容スリッページ数
extern string Comments = ""; // コメント

// 変数の設定 //
int Ticket_L = 0; // 買い注文の結果をキャッチする変数
int Ticket_S = 0; // 売り注文の結果をキャッチする変数
int Exit_L = 0;   // 買いポジションの決済注文の結果をキャッチする変数
int Exit_S = 0;   // 売りポジションの決済注文の結果をキャッチする変数


int start()
 {

  // 買いポジションのエグジット
  if( iCustom(NULL,0,"NY_Box",0,0,1,1) > Close[1]
     && ( Ticket_L != 0 && Ticket_L != -1 ))
   {
    Exit_L = OrderClose(Ticket_L,Lots,Bid,Slip,Red);
    if( Exit_L ==1 ) {Ticket_L = 0;}
   }

  // 売りポジションのエグジット
  if( iCustom(NULL,0,"NY_Box",0,0,0,1) < Close[1]
     && ( Ticket_S != 0 && Ticket_S != -1 ))
   {
    Exit_S = OrderClose(Ticket_S,Lots,Ask,Slip,Blue);
    if( Exit_S ==1 ) {Ticket_S = 0;}
   }
```

次ページへ

ブレイクアウト　プログラム文　その２

```
// 買いエントリー
if( iCustom(NULL,0,"NY_Box",0,0,0,1) < Close[1]
    && ( Ticket_L == 0 || Ticket_L == -1 )
    && ( Ticket_S == 0 || Ticket_S == -1 ))
 {
   Ticket_L = OrderSend(Symbol(),OP_BUY,
                        Lots,Ask,Slip,0,0,Comments,MAGIC,0,Red);
 }

// 売りエントリー
if( iCustom(NULL,0,"NY_Box",0,0,1,1) > Close[1]
    && ( Ticket_S == 0 || Ticket_S == -1 )
    && ( Ticket_L == 0 || Ticket_L == -1 ))
 {
   Ticket_S = OrderSend(Symbol(),OP_SELL,
                        Lots,Bid,Slip,0,0,Comments,MAGIC,0,Blue);
 }


 return(0);
}
```

ブレイクアウト逆張り　プログラム文　その1

※注目：下記のプログラムを1時間足に適用

```
// マジックナンバーの定義
#define MAGIC  9

// パラメーターの設定 //
extern double Lots = 1.0;      // 取引ロット数
extern int Slip = 10;          // 許容スリッページ数
extern string Comments = ""; // コメント

// 変数の設定 //
int Ticket_L = 0; // 買い注文の結果をキャッチする変数
int Ticket_S = 0; // 売り注文の結果をキャッチする変数
int Exit_L = 0;   // 買いポジションの決済注文の結果をキャッチする変数
int Exit_S = 0;   // 売りポジションの決済注文の結果をキャッチする変数


int start()
 {

   // 買いポジションのエグジット
   if( iCustom( "EURUSD",0,"NY_Box",0,0,0,1) < iClose( "EURUSD",0,1)
      && ( Ticket_L != 0 && Ticket_L != -1 ))
   {
     Exit_L = OrderClose(Ticket_L,Lots,Bid,Slip,Red);
     if( Exit_L ==1 ) {Ticket_L = 0;}
   }

   // 売りポジションのエグジット
   if( iCustom( "EURUSD",0,"NY_Box",0,0,1,1) > iClose( "EURUSD",0,1)
      && ( Ticket_S != 0 && Ticket_S != -1 ))
   {
     Exit_S = OrderClose(Ticket_S,Lots,Ask,Slip,Blue);
     if( Exit_S ==1 ) {Ticket_S = 0;}
   }
```

次ページへ

ブレイクアウト逆張り　プログラム文　その2

```
// 買いエントリー
if( iCustom("EURUSD",0,"NY_Box",0,0,1,1) > iClose("EURUSD",0,1)
   && ( Ticket_L == 0 || Ticket_L == -1 )
   && ( Ticket_S == 0 || Ticket_S == -1 ))
 {
   Ticket_L = OrderSend(Symbol(),OP_BUY,
                        Lots,Ask,Slip,0,0,Comments,MAGIC,0,Red);
 }

// 売りエントリー
if( iCustom("EURUSD",0,"NY_Box",0,0,0,1) < iClose("EURUSD",0,1)
   && ( Ticket_S == 0 || Ticket_S == -1 )
   && ( Ticket_L == 0 || Ticket_L == -1 ))
 {
   Ticket_S = OrderSend(Symbol(),OP_SELL,
                        Lots,Bid,Slip,0,0,Comments,MAGIC,0,Blue);
 }


 return(0);
}
```

一定金額でシステムストップ　プログラム文　その1

```
// マジックナンバーの定義
#define MAGIC   10

// パラメーターの設定 //
extern double Lots = 1.0;     // 取引ロット数
extern int Slip = 10;         // 許容スリッページ数
extern string Comments = ""; // コメント

// 変数の設定 //
int Ticket_L = 0; // 買い注文の結果をキャッチする変数
int Ticket_S = 0; // 売り注文の結果をキャッチする変数
int Exit_L = 0;   // 買いポジションの決済注文の結果をキャッチする変数
int Exit_S = 0;   // 売りポジションの決済注文の結果をキャッチする変数

double AccountPeak;

int start()
 {

  // 買いポジションのエグジット
  if( iCustom("EURUSD" ,0,"NY_Box",0,0,0,1) < iClose("EURUSD",0,1)
     && ( Ticket_L != 0 && Ticket_L != -1 ))
   {
    Exit_L = OrderClose(Ticket_L,Lots,Bid,Slip,Red);
    if( Exit_L ==1 ) {Ticket_L = 0;}
   }

  // 売りポジションのエグジット
  if( iCustom("EURUSD",0,"NY_Box",0,0,1,1) > iClose("EURUSD",0,1)
     && ( Ticket_S != 0 && Ticket_S != -1 ))
   {
    Exit_S = OrderClose(Ticket_S,Lots,Ask,Slip,Blue);
    if( Exit_S ==1 ) {Ticket_S = 0;}
   }
```

次ページへ

一定金額でシステムストップ　プログラム文　その2

```
// 一定金額の損失でストップ
if( AccountPeak < AccountBalance() )
              AccountPeak = AccountBalance();
if( AccountPeak - AccountBalance() > 13000)return(0);


// 買いエントリー
if( iCustom("EURUSD",0,"NY_Box",0,0,1,1) > iClose("EURUSD",0,1)
   && ( Ticket_L == 0 || Ticket_L == -1 )
   && ( Ticket_S == 0 || Ticket_S == -1 ))
 {
   Ticket_L = OrderSend(Symbol(),OP_BUY,
              Lots,Ask,Slip,0,0,Comments,MAGIC,0,Red);
 }

// 売りエントリー
if( iCustom("EURUSD",0,"NY_Box",0,0,0,1) < iClose("EURUSD",0,1)
   && ( Ticket_S == 0 || Ticket_S == -1 )
   && ( Ticket_L == 0 || Ticket_L == -1 ))
 {
   Ticket_S = OrderSend(Symbol(),OP_SELL,
              Lots,Bid,Slip,0,0,Comments,MAGIC,0,Blue);
 }


 return(0);
}
```

10　〜〜アイデア9〜〜
買いと売りでパラメーターを変えてみよう

　アイデア9に登場するテクニカル分析は誰もが知っている単純移動平均線の登場です。最もポピュラーなものを最後にもってきたのは、アイデア8のようにご自由に改善していただきたいという思いからです。

　本書のテーマは**「この本を読めば本当にできる」**です。そのため、このアイデア9では趣向を変え、「シンプルな材料をぜひ皆様なりに調理して、足してほしい」と思っております。

　ここで、再度お願いがあるのですが、もし「すごいの」を見つけた場合はぜひご連絡ください。連絡先は268ページにありますので。

　さて、読者の皆様へのお願いは終わりましたので、本論に戻ります。

　これまでご紹介してきたテクニカル分析は「買い」も「売り」も同じパラメーターを使っていました。例えばRSIを使ってトレードするときは「買い」も「売り」も期間を12としていました。そして、エントリーとエグジットはドテンでご紹介してきました。また、検証の手軽さを重視し、自動売買のコツを使用しておりませんでした。それは端的に表現しますと、検証はできますが、自動売買はできないことを意味しています。

買いと売りで同じパラメーターを使用

自動売買のコツなし

　アイデア9は、より実践的に、196ページで後述している自動売買のコツを使用した検証結果になっています。さらに、プログラムの解説編では、自動売買のコツをご紹介しますので、ご安心ください。ア

イデア9まで読み終わって、アイデア1～アイデア8に自動売買のコツを入れて検証すれば、より実践的になります。
　アイデア9では買いと売りで違うパラメーターを使うときの注意点も含めてご紹介しますが、まずは今までどおり同じパラメーターの場合からのご紹介です。
　短期移動平均線が16、長期移動平均線が48という同じパラメーターを使用した場合の検証結果は、取引回数933回、プロフィットファクターは1.25です。

◆オージー円の移動平均線の資産曲線

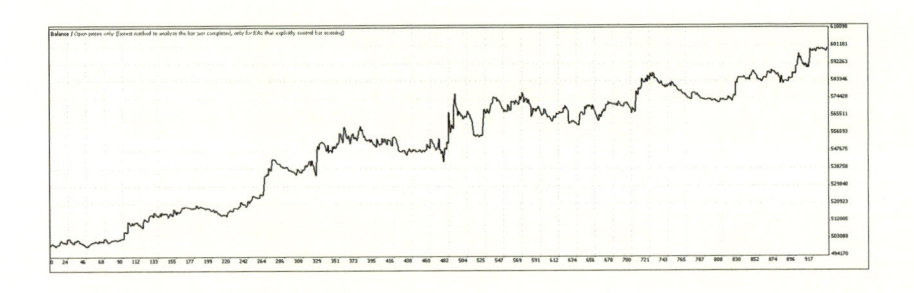

```
1時間足　オージー円
短期移動平均（期間16）が長期移動平均（期間48）を上回ったら、買い。
短期移動平均（期間16）が長期移動平均（期間48）を下回ったら、売り。
```

次に買いと売りで別々にパラメーターの最適化を行ってみました。結果は買いの短期移動平均線が8、長期移動平均線が97、売りの短期移動平均線が12、長期移動平均線が27でした。その際の取引回数は668回、プロフィットファクターは1.51でした。

1時間足　オージー円
短期移動平均（期間8）が長期移動平均（期間97）を上回ったら、買い。
短期移動平均（期間8）が長期移動平均（期間97）を下回ったら、買いポジションの決済。

短期移動平均（期間12）が長期移動平均（期間27）を下回ったら、売り。
短期移動平均（期間12）が長期移動平均（期間27）を上回ったら、売りポジションの決済。

この戦略の仮説はこうです。

64ページでも書いたように「マーケットには上昇相場の場合はゆっくりと動き、下落相場の場合は急激に動く」という特徴があると思っています。

したがって、マーケットとテクニカルをかみ合わせるためには上昇相場を狙う「買い」と、下落相場を狙う「売り」で最適なパラメーターの値が違うのではないかと考えました。

本書ではよく「仮説」がでてきます。EA作りにこの「仮説」がかかせません。EAを作るには、

1．仮説を考える
2．仮説をEA化する
3．バックテストをして仮説が正しいか確認する

　という流れが大事だとつくづく思っております。
　もちろん、それ以外の検証過程はたくさんありますので、これがすべてということをお伝えしたいわけではありません。
　熱く語りたいのは、**仮説を立てなければ、昔の私のようにただ出てきたバックテスト結果の数値だけを見て一喜一憂して終わってしまい、次の検証に広がりがなく改善のしようもない**、ということです。仮説を立てて検証して、仮説どおりの結果が出れば、システムをより信頼しやすくなります。また、仮に結果が仮説どおりでなかったとしても、仮説を変更して別の角度からマーケットを見ることができますので、検証に広がりが生まれます。
　今回は、「買い」と「売り」で使用するパラメーターが異なるという極めて単純なところに回帰してきましたが、皆様もご自身の仮説を立ててみてください。
　さて、ここからはいつものごとく、まずはアイデア1で紹介した「買いのみ」「売りのみ」に分けた結果を見てみることにします。途中で質問タイムが出てきますので、そこでは自分なりに考える時間を少し設けてみてください。

買いのみ

売りのみ

さぁ、ここで質問タイムです。

> 買いのみのトレード回数は「352回」、売りのみのトレード回数は「820回」、買い＋売りのトレード回数は「668回」。なぜ、今回は買いのトレード回数＋売りのトレード回数＝売り買いのトレード回数にならないのでしょうか？

むしろ、今まで「なぜ足し算が成り立っていたのでしょうか」という質問と同義になります。

この理解は極めて重要です。実はこれも自分が検証できるようになってから分かったことです。

皆様、答えはご用意できましたでしょうか。

答えはこうです。

今までのケース

買いのエントリー条件と売りのエントリー条件の両方を同時に満たすことがありませんでした。

> 基本、ドテンロジックである

今回のケース

買いのエントリー条件と売りのエントリー条件の両方を同時に満たすことがあります。

> ドテンロジックではない

ここで、再び質問タイムです。

> 買いの条件と売りの条件の両方を満たす場合、どちらが優先になるのでしょうか？

皆様、答えはご用意できましたでしょうか。答えはこうです。
　プログラムの上に記述されている売買条件のほうが優先されます。プログラムは上から下に順々に処理されていくからです。
　条件を同時に満たした場合、買いの条件のプログラムが売りの条件のプログラムよりも上に記述されていれば、買いがエントリーします

し、売りが先に記述されていれば、売りがエントリーします。
　もうひとつ正解があります。

今までのケース

> ポジション保有中にエントリー条件を満たさない。
>
> 例：買いのポジション保有中に売りのエントリーサインは出ない

今回のケース

> ポジション保有中にエントリー条件を満たす。
>
> 例：買いのポジション保有中に売りのエントリーサインが出ても、それは無視される

　今回は買いのエントリーを上に記述しておりますので、買いエントリーが優先となります。
　このようなことを理解していないと、正確に検証結果が理解できません。
　今回のケースは、買いポジションを保有中に、売りのエントリーサインが出ても売買されないというプログラムです。
　「こういうプログラムなのだ」ということが前提の理解として「ある」と「ない」とでは大違いです。
　仮に、今回のプログラムのようなケースの結果が良かったとすれば、「買いポジションを保有中に売りのエントリーサインが出ても、買いの決済条件まで保有して決済したほうが良かった」ということが分か

ります。でも、前提の理解がなければ、「どうして結果が良かったのかが分からない」のです。

偉そうに書いていますが、実はこのことに気づくまでに大いに混乱しました。メタトレーダーを思い切り疑いました。ですが、メタトレーダーは主人のプログラムに忠実に従っただけだったのです。

このような事態が起こってしまった原因。それは、「どういう売買戦略でトレードしたいのか」を自分自身できちんと把握していなかったことにあります。そもそもこのようなプログラムを記述する前に、「買いポジションを保有していて、買いの決済のサインが出るよりも前に、売りのエントリーサインが出たらどうすればよいか」を明確にするべきであった、ということです。

当時の私は、プログラムありき、もっと言ってしまえば、資産曲線を右肩上がりにすることばかりに気をとられていたため、売りと買いで異なるパラメーターを使うとこのような結果（例えば、売りポジションを保有中に買いサインが出ても無視される）になることに疑問を持ちませんでした。

幸いにも、試行錯誤しながら具体的な仮説を立てたり、売買手法を明確化したりするなかで、「このタイミングで売買していないとおかしい」という見方が身についた、ということなのです。

このような経験をすることで、さらに投資戦略を細部にわたって考えられるようになりました。まさに第1作目で目指した「習うより慣れよ」の精神で、「できた、できた」を積み上げてきたのが、私のスタイルです。これでいいのだと思っていますが、最初から完璧であればと悩むこともしばしばです。

さて、異なるパラメーターを使用した場合の移動平均の検証結果は、買いのみ、売りのみの単純な足し算でないことがご理解いただけたと思いますので、検証に戻ります。

この後、皆様ならどんな検証方法をとるか非常に興味があるところ

ですが、私は口座残高がピークから1万3000ドル減少したらシステムをストップするプログラムを書き加え、ストップしたところを足がかりに考えたいと思います。

2005年の1月から運用をスタートして2008年12月にピークから1万3千ドルの損失を出してシステム停止となりました。

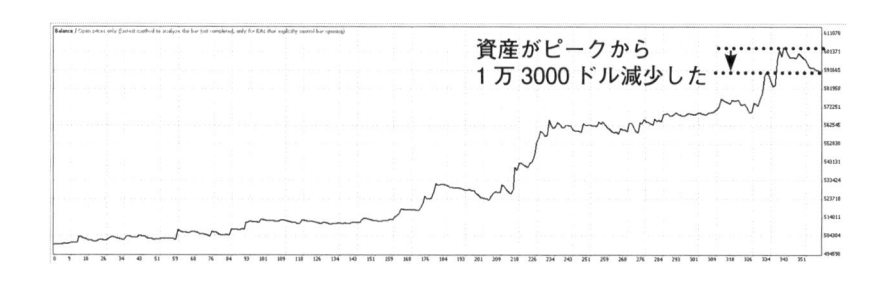

資産がピークから
1万3000ドル減少した

下図の○の箇所でシステムはあえなく停止しました。

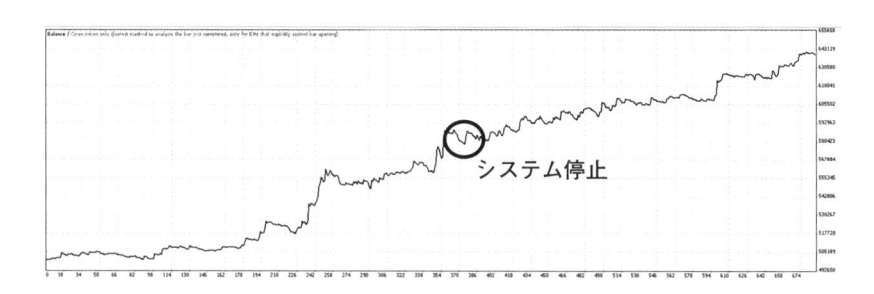

システム停止

本来ならば、「改善案を考えてみます」となって、私どものほうで"何らかの答え（もしくはヒント）となるもの"をすぐにご紹介するところですが、ここからは皆さんが主役ですから、まずは自分自身で改善案を考えてみてください。

なお、186ページ以降は、私なりの検証方法です。参考になれば幸いです。

シンキングタイム

　186ページに進む前に、下の資産曲線の丸印で停止してしまったシステムを改善するための案について、ここで考えてみてください。

　ここまででご紹介したアイデア1〜9までを使っても構いませんし、そのほかのアイデアを考えてもかまいません。とにかく、自由に、皆さんなりに考えて、隣のページに書きとめてください。

~トレードアイデアノート~

> **～アプローチ A ～**
> **取引対象のオージー円の動きは？**

　基本に立ち戻って、バックテストが止まった時期、すなわち2008年12月前後の取引対象であるオージー円に注目しました。下記の画像をご覧ください。

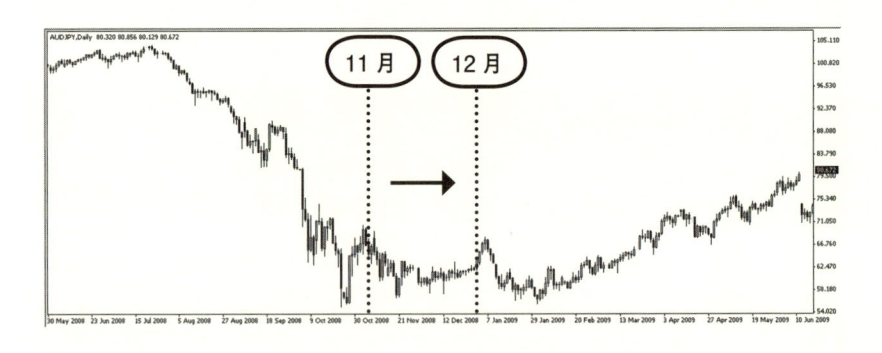

　2008年11月から同年12月末までの約2カ月間のトレードで、13,000ドルを失ってシステムストップです。ちょうど取引対象であるオージー円の相場の動きがフラット相場になったところでした。やはり、スイングトレードのシステムでは、フラット相場は大敵なのかもしれません。
　アプローチAの結果から「フラットで勝てていない事実は受け入れる」として、買い戦略と売り戦略のどちらが機能していないのか、それとも両方が機能していないのか、それを確認してみることにします。

~アプローチB~
**2008年11月～12月末までで
買いと売り、どちらが負けている？**

681	2008.11.14 05:00	buy	341	1.00	64.040	0.000	0.000		
682	2008.11.14 09:00	close	341	1.00	63.580	0.000	0.000	-589.56	603406.37
683	2008.11.14 18:00	buy	342	1.00	63.740	0.000	0.000		
684	2008.11.17 02:00	close	342	1.00	61.370	0.000	0.000	-3037.26	600369.11
685	2008.11.17 21:00	buy	343	1.00	63.750	0.000	0.000		
686	2008.11.18 04:00	close	343	1.00	62.370	0.000	0.000	-1768.43	598600.68
687	2008.11.18 06:00	sell	344	1.00	62.300	0.000	0.000		
688	2008.11.18 22:00	close	344	1.00	62.120	0.000	0.000	230.63	598831.31
689	2008.11.19 08:00	sell	345	1.00	62.260	0.000	0.000		
690	2008.11.19 10:00	close	345	1.00	62.620	0.000	0.000	-461.27	598370.04
691	2008.11.19 11:00	sell	346	1.00	62.190	0.000	0.000		
692	2008.11.19 22:00	close	346	1.00	62.240	0.000	0.000	-64.06	598305.98
693	2008.11.20 00:00	sell	347	1.00	60.910	0.000	0.000		
694	2008.11.21 15:00	close	347	1.00	58.930	0.000	0.000	2536.50	600842.48
695	2008.11.24 18:00	buy	348	1.00	62.600	0.000	0.000		
696	2008.12.01 06:00	close	348	1.00	61.720	0.000	0.000	-1126.27	599716.21
697	2008.12.03 13:00	sell	349	1.00	59.620	0.000	0.000		
698	2008.12.04 01:00	close	349	1.00	60.680	0.000	0.000	-1359.68	598356.53
699	2008.12.04 14:00	sell	350	1.00	59.820	0.000	0.000		
700	2008.12.08 04:00	close	350	1.00	60.420	0.000	0.000	-769.78	597586.75
701	2008.12.08 04:00	buy	351	1.00	60.420	0.000	0.000		
702	2008.12.12 07:00	close	351	1.00	58.790	0.000	0.000	-2087.72	595499.03
703	2008.12.12 08:00	sell	352	1.00	58.920	0.000	0.000		
704	2008.12.15 02:00	close	352	1.00	60.380	0.000	0.000	-1871.21	593627.82
705	2008.12.15 10:00	buy	353	1.00	60.680	0.000	0.000		
706	2008.12.15 12:00	close	353	1.00	60.240	0.000	0.000	-563.93	593063.89
707	2008.12.16 05:00	sell	354	1.00	60.530	0.000	0.000		
708	2008.12.16 10:00	close	354	1.00	60.520	0.000	0.000	12.81	593076.70
709	2008.12.16 13:00	sell	355	1.00	60.240	0.000	0.000		
710	2008.12.16 21:00	close	355	1.00	61.020	0.000	0.000	-999.42	592077.28
711	2008.12.16 21:00	buy	356	1.00	61.020	0.000	0.000		
712	2008.12.19 11:00	close	356	1.00	60.800	0.000	0.000	-280.83	591796.45
713	2008.12.22 21:00	buy	357	1.00	61.910	0.000	0.000		
714	2008.12.24 07:00	close	357	1.00	61.220	0.000	0.000	-883.88	590912.57

　2008年11月～12月末までの買いのトレード回数は9回、損益はマイナス約13,800ドル、売りのトレード回数は10回、損益はプラス2,300ドルでした。

　正確には上図を参照ください。11月14日から12月22日までの約1カ月間のトレードで、トータルのマイナスが13,000ドルに達しています（四角枠内）ので、そちらもご紹介します。

　11月14日から12月22日までの買いのトレード回数は8回、損益

はマイナス約 10,300 ドル、売りのトレード回数は 9 回、損益はマイナス約 2,700 ドル、トータルでマイナス 13,000 ドルとなり、システムストップです。

そして、買いのトレードが売りのトレードに対して、約 4 倍以上、大きくマイナスになったことが原因だと分かりました。買いのトレードを見ると、一度のトレードでの最大損益はマイナス 3,000 ドルでしたので、アイデア 8 でご紹介したように、1 回のトレードで 1 万 3000 ドル超の損失を出したわけではないことが分かります。どちらにしてもフラット相場の買い戦略を改善ポイントとして挙げておいてもよいのではないかと思います。

アイデア 5 で取り上げたように、損益を補完するほかのシステムが同期間に利益を伸ばしている場合（例えば、ユーロ円のシステムとユーロドルのシステムを同時に動いていて、相互のデメリットを補完しながら利益を出している場合）は、全体のシステムのバランスを考えて改善ポイントとして挙げる必要はないかもしれません。ここでは、単独のシステムで、ほかのシステムで損益を補完できないという前提で話を進めていきます。

相場の状況は変えられませんから、売買のタイミングを変えることで改善を試みてみます。

～アプローチC～
売買タイミングを取引が活発なニューヨーク時間に限定したらどうなる？

　中長期的にフラット相場が苦手らしいということを前提にして、私はさらに細かく検証してみたくなりました。細かく検証しようと思った理由は、「エントリーする直前に相場が動いていない状態のときには勝ちにくいのではないか」という仮説を立てたからです。

　そこで、マーケットが活発に動くニューヨーク市場の時間帯にエントリータイミングを限定するとどうなるかを検証してみます。

フラットに……

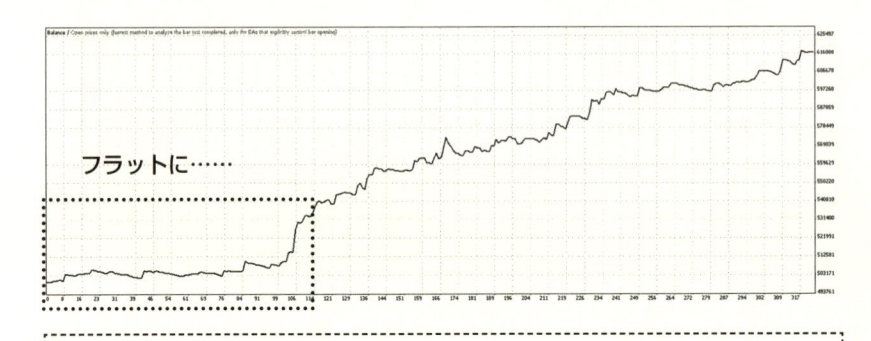

1時間足　オージー円

ニューヨーク市場で（日本時間23時〜6時）短期移動平均（期間8）が
長期移動平均（期間97）を上回ったら、買い。
短期移動平均（期間8）が長期移動平均（期間97）を下回ったら、買いポジショ
ンの決済。
※決済時間はニューヨークの時間帯に限定しておりません。

ニューヨーク市場で（日本時間23時〜6時）短期移動平均（期間12）が
長期移動平均（期間27）を下回ったら、売り。
短期移動平均（期間12）が長期移動平均（期間27）を上回ったら、売りポジシ
ョンの決済。
※決済時間はニューヨークの時間帯に限定しておりません。

　結果は、2008年11月14日〜2008年12月末までで、13,000ドルを失っ
ていた箇所はマイナス約4000ドルに減少しました。しかし、改善は
見られたものの、前半のトレードがフラットになってしまいました。
　あっちを改善すれば、こっちがダメになる、トホホです。
　売買のタイミングを直接変える以外にも改善案はあります。例えば、
タイムフレームを変えてみる。マルチタイムフレームを加えてみる、
前日が陰線だったら、前日が陽線だったらという条件を加えてみる。
エントリーポイントを変更するのではなく、エグジットポイントを変
えるため、時間でのエグジットを試す。高値、安値を見るなど、いろ
いろありますが、すでにご紹介しておりますので、ここでは次に代表
的なアノマリーを試してみたいと思います。

> ～アプローチD～
> トレードリストやチャート上のエントリーポイントを見ていたらゴトー日の特に月末である30日に勝ててないように思えた、ほかにもある？

　トレードリストやチャート上のエントリーポイントを見ていたらゴトー日に勝ててないように思えました。ゴトー日とは、5日、10日、15日、20日、25日、30日のように、5日ならびに10日の倍数の日を指します。ゴトー日には、貿易企業が海外からの購入代金を支払う傾向が見られ、その結果、外貨不足になると言われています。つまり、ゴトー日には相場が想定外の方向に動くことがあるのです。私は、そこ（＝ゴトー日にはマーケットとインディケータのかみ合わせが狂ってしまうのではないか）を心配しました。

　以上のことから、5日、10日、15日、20日、25日、30日、それぞれの日にエントリーしたケースのパフォーマンスがどうなるか、バックテストをしてみました。

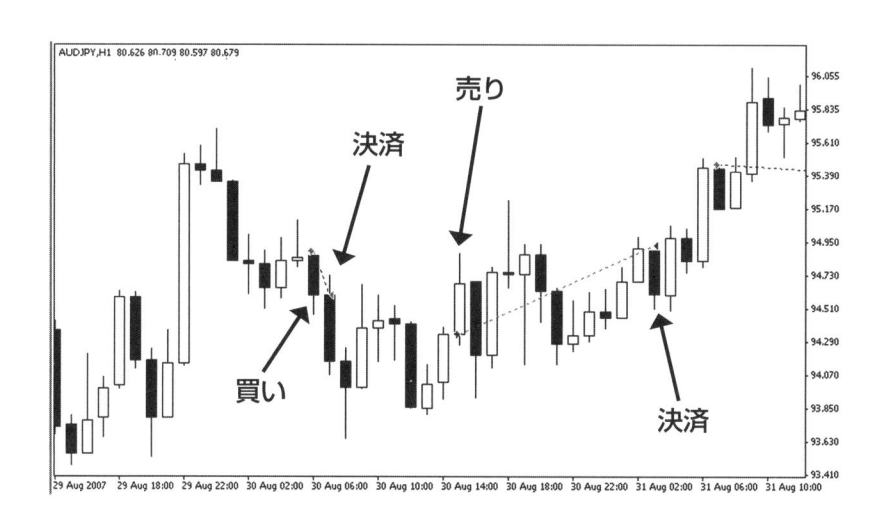

結果は、確かに10日、15日、20日の成績があまり良くありませんでした。下図は10日、15日、20日、30日にトレードしないという条件を入れた資産曲線です。

オリジナルのパフォーマンスと代表的な指標で比較してみます。

オリジナルのパフォーマンスの総損益は138,258.59ドル、取引回数は668回、プロフィットファクターは1.51でした。

10日、15日、20日、30日はトレードしないという条件を入れたパフォーマンスの総損益は144,447.97ドル、取引回数は620回、プロフィットファクターは1.60です。

多少改善はしましたが、ほとんど効果なしでした。なかなかうまくいきません。

ただし、「ゴトー日はドル高になりやすい」ということは、アノマリーの代表例のひとつとしてよく紹介されています。プログラムができれば、ゴトー日に限らず、さまざまなアノマリーを検証して、それが本当かどうか自分の目で確認することができます。

さて、カッコつけて「ご紹介したアイデアを使わないで改善を試みる」なんて書いたばかりにこうして追い込まれてしまいました。なんとか、アプローチAからアプローチDまでの情報だけで、まとめてみたいと思います。

> ～アプローチ E ～
> ここまでのアプローチ A ～ D をまとめて、
> アプローチ E に生かしてみます。

　ここまでのアプローチ A ～ D をまとめて、アプローチ E に生かしてみます。結論から言いますと、以下の 3 つのチャレンジを考えました。

①買い戦略に絞って検証してみる

　アプローチ A からアプローチ B での検証では、大きい負けの発生要因、すなわち、13,000 ドルを失った要因のトレードは「買い戦略」であることが分かりました。

　また、本書でご紹介してきたアイデア 1 ～アイデア 8 の検証結果でもほとんどのケースで買い戦略よりも売り戦略のほうのパフォーマンスが良かったことから、アプローチ E ではあえて買い戦略に絞ってチャレンジしようと考えました。人生はチャレンジの連続なのです。

②システム停止させないような条件を足す

　もうひとつのチャレンジは口座残高のピークから 13,000 ドルを失うことなく、最後までバックテストを完了させる、ということです。これは、トレードをどこで始めたとしても、13,000 ドルを失わないことと同義となり、安定したトレードがしたい私としては、いつも心がけていることでもあります。

③時間を限定してみる

　統計学的にサンプル数（今回のケースではトレード回数）が多いと信憑性があると言われます。つまり、"歴史は繰り返す"ではありませんが、将来的にも過去のトレードを繰り返す可能性があり、それを

私たちは「再現性」などと呼んだりします。

　もちろん、それも大事だと思いますが、私なりには、どの時期でもある一定のパフォーマンスを出したいとの思いから、「2008年は良いけど、2010年はいまいち」という結果よりも、全期間をとおして通用する考え方を素材にしたいというのがあります。

　アプローチCでは、大きな負けの発生要因を改善すべく、ニューヨーク時間に限定して、一定の改善が見られました。そのため、ニューヨーク時間に限らず、「時間を限定するという考えは使えるのでは？」という仮説を試してみることにしました。

　なお、アプローチDのゴトー日の検証は、劇的な改善は見られなかったため、見送ります。人生は失敗の連続でもあります。読者の皆様はほかの戦略でもぜひ試してみてください。

　以上の3つを踏まえて、検証した結果が下図になります。がっかりさせてしまいましたら、すみません。

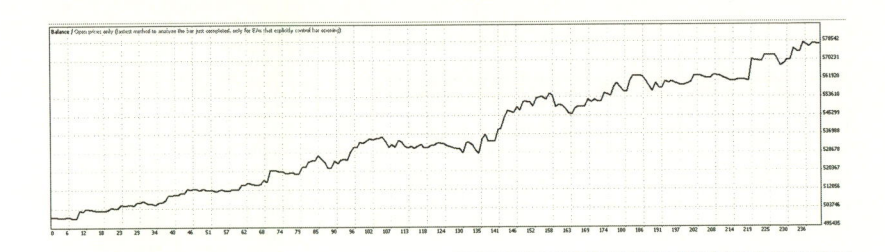

1時間足　オージー円

ヨーロッパ・ニューヨーク市場で（日本時間16時～6時）短期移動平均（期間13）が長期移動平均（期間67）を上回ったら、買い。
短期移動平均（期間13）が長期移動平均（期間67）を下回ったら、買いポジションの決済。
※決済時間はヨーロッパ・ニューヨーク市場の時間帯に限定しておりません。

買い戦略での主要なパフォーマンスは以下のとおりです。

総損益：77,229.24 ドル、取引回数：240 回、PF：1.76

　数字的にはまだまだですが、仮説を立てて、それをクリアしながら自分の分かる範囲で出せた結果としては、一定の成果が出せたのではないかと思っております。

　繰り返しになって恐縮ですが、どういう仮説を立てて、どうクリアしていくのかで、たどりつく場所はまったく違った世界になるはずです。ここまで私なりのアプローチや考え方、改善案をご提示してきましたが、もっとこうしたほうがよいのでは？　と思われたところも多々あったのではないかと思います。

　まさしく、それを試すときが今です。

　ぜひ皆様なりの仮説を立てて、チャレンジしてみてください。

自動売買のコツ

「RSIが30以下になったら買う」を前提にご紹介します。RSIに限らずほかのテクニカルも同様となります。この自動売買のコツはRSIに限った話ではないということを念頭においてお読みください。

さて、RSIが30以下になったときとは、大別しますと、2つの定義づけに分けることができます。その2つが下図です。

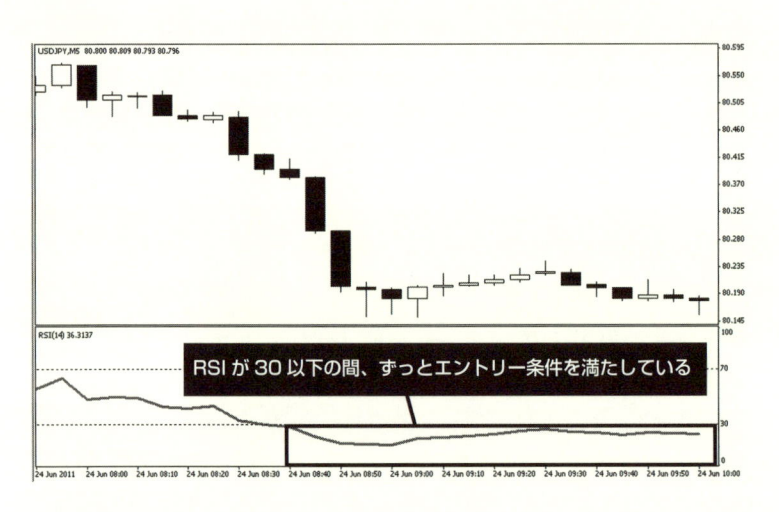

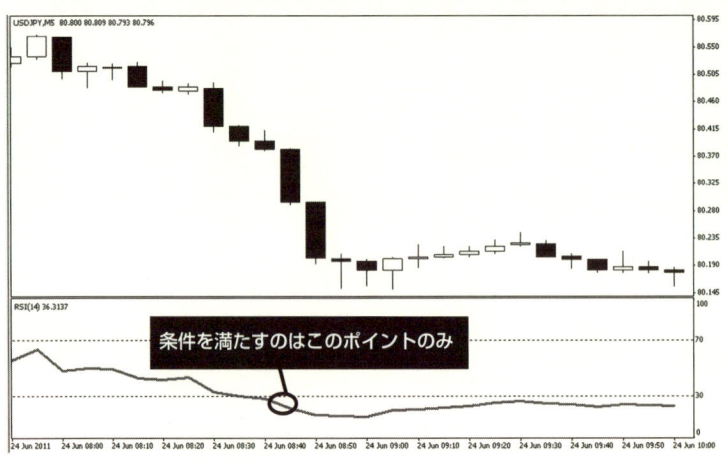

RSIが30以下の間、ずっとエントリー条件を満たしている

条件を満たすのはこのポイントのみ

皆様はどちらの定義づけを想定していますでしょうか？

自動売買のコツなしの場合
前ページの上段の図は、30以下ならいつでもエントリーする。

自動売買のコツありの場合
前ページの下段の図は、30以下に初めてなったときだけエントリーする。

　ここで解説する自動売買のコツは、下段の図の状態でエントリーしたい場合に使用するプログラム技術です。技術と言っても難しくありませんので、ご安心ください。
　もう少し具体的に見ていきます。
　自動売買のコツなしの場合は上段の図、コツありは下段の図のようになります。

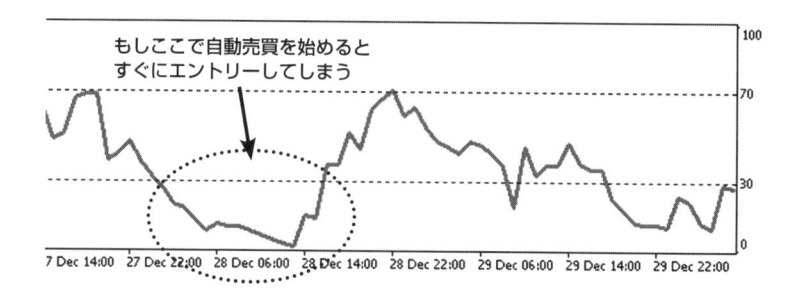

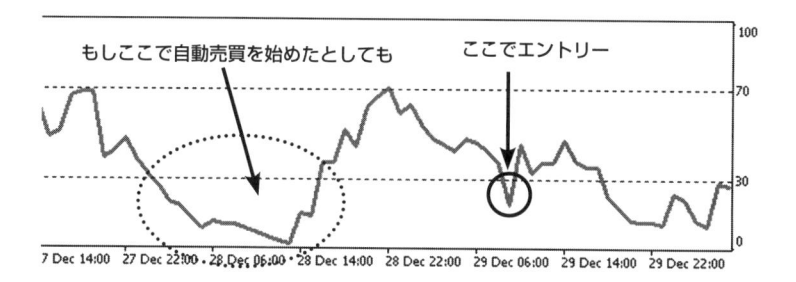

自動売買のコツ　プログラム編

【例：RSIが30以下】

自動売買のコツなしの場合

```
if ( iCustom( NULL, 0, "RSI",12,0,1 ) <= 30 )
```

　自動売買を始めたときにすでにRSIが10になっているケースを想像してください。この場合、自動売買のコツを使用しない場合は、自動売買を始めた瞬間にエントリーしてしまいます。

自動売買のコツありの場合

```
if ( iCustom( NULL, 0, "RSI",12,0,2) > 30      ①
    && iCustom( NULL, 0, "RSI",12,0,1) <= 30 ) ②
```

↓ 日本語にすると……

もし2本前のバーのRSIが30より大きく　①
かつ、1本前のバーのRSIが30以下の場合　②

　自動売買を始めたときにすでにRSIが10になっているケースを想像してください。この場合、自動売買のコツを使用している場合は、自動売買を始めてもエントリーしません。初めて30以下になった場合、すなわち、「2本前のバーのRSIが30より大きく、かつ、1本

前のバーの RSI が 30 以下のとき」しかエントリー条件を満たさないため、自動売買の開始と同時にエントリーすることを防げるのです。

解説

　下記の数字を変更することで○本前のバーのRSIを表現することができます。

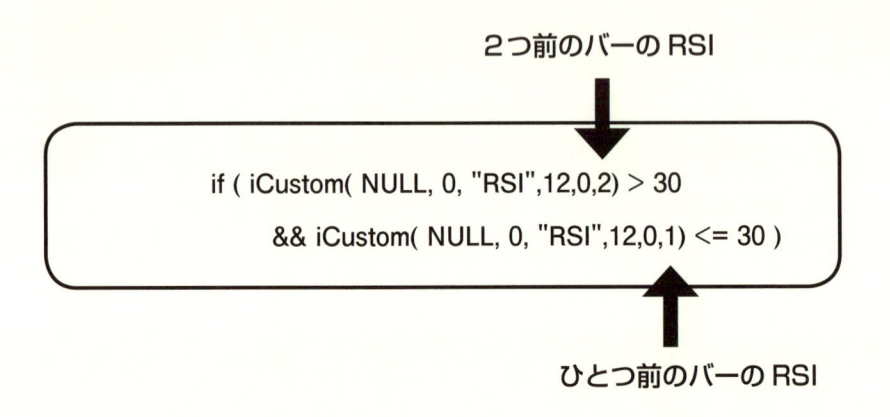

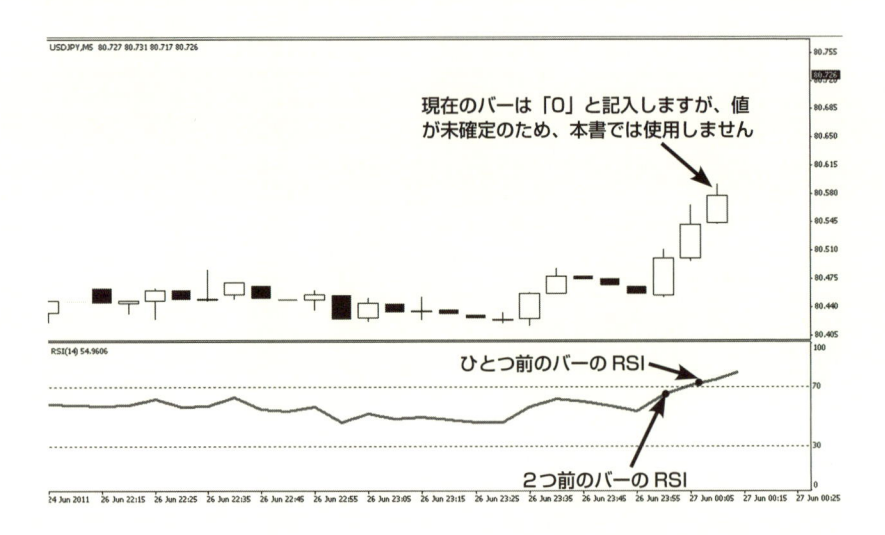

2つ前のバーのRSI ↓

```
if ( iCustom( NULL, 0, "RSI",12,0,2) > 30
  && iCustom( NULL, 0, "RSI",12,0,1) <= 30 )
```

↑ **ひとつ前のバーのRSI**

現在のバーは「0」と記入しますが、値が未確定のため、本書では使用しません

ひとつ前のバーのRSI

2つ前のバーのRSI

買いと売りでパラメータを変える　プログラム編　その1

◆買いエントリー条件

> iCustom(NULL,0,"Moving Averages",8,0,0,0,2) <= ①
> iCustom(NULL,0,"Moving Averages",97,0,0,0,2) ②
> &&iCustom(NULL,0,"Moving Averages",8,0,0,0,1) > ③
> iCustom(NULL,0,"Moving Averages",97,0,0,0,1) ④

↓ 日本語にすると……

> 2本前の短期移動平均線（期間：8）が ①
> 2本前の長期移動平均線（期間：97）よりも下にある ②
> かつ、1本前の短期移動平均線（期間：8）が ③
> 1本前の長期移動平均線（期間：97）よりも上にある ④

◆売りエントリー条件

> iCustom(NULL,0,"Moving Averages",12,0,0,0,2) >= ①
> iCustom(NULL,0,"Moving Averages",27,0,0,0,2) ②
> &&iCustom(NULL,0,"Moving Averages",12,0,0,0,1) < ③
> iCustom(NULL,0,"Moving Averages",27,0,0,0,1) ④

↓ 日本語にすると……

> 2本前の短期移動平均線（期間：12）が ①
> 2本前の長期移動平均線（期間：27）よりも上にある ②
> かつ、1本前の短期移動平均線（期間：12）が ③
> 1本前の長期移動平均線（期間：27）よりも下にある ④

買いと売りでパラメータを変える　プログラム編　その2

◆買いエグジット条件

```
iCustom(NULL,0,"Moving Averages",8,0,0,0,2) >=    ①
iCustom(NULL,0,"Moving Averages",97,0,0,0,2)      ②
&&iCustom(NULL,0,"Moving Averages",8,0,0,0,1) <   ③
iCustom(NULL,0,"Moving Averages",97,0,0,0,1)      ④
```

↓ 日本語にすると……

2本前の短期移動平均線（期間：8）が　①
2本前の長期移動平均線（期間：97）よりも上にある　②
かつ、1本前の短期移動平均線（期間：8）が　③
1本前の長期移動平均線（期間：97）よりも下にある　④

◆売りエグジット条件

```
iCustom(NULL,0,"Moving Averages",12,0,0,0,2) <=   ①
iCustom(NULL,0,"Moving Averages",27,0,0,0,2)      ②
&&iCustom(NULL,0,"Moving Averages",12,0,0,0,1) >  ③
iCustom(NULL,0,"Moving Averages",27,0,0,0,1)      ④
```

↓ 日本語にすると……

2本前の短期移動平均線（期間：12）が　①
2本前の長期移動平均線（期間：27）よりも下にある　②
かつ、1本前の短期移動平均線（期間：12）が　③
1本前の長期移動平均線（期間：27）よりも上にある　④

解説

8本バーの移動平均を表現するには次のように記述します。

> iCustom(NULL,0,"Moving Averages",**8**,0,0,0,1)

↑
8本バーの移動平均

移動平均の種類を指定します。

> iCustom(NULL,0,"Moving Averages",8,0,**0**,0,1)

↑
単純移動平均

数字を変更することによってさまざまな移動平均線を表現することが可能です。

単純移動平均	0
指数移動平均	1
平滑移動平均	2
線形加重移動平均	3

エントリー時間限定　プログラム編

　定型文のエグジット文とエントリー文の間に次のプログラムを挿入します（定型文は初めにエグジット文、次にエントリー文が書かれています）。

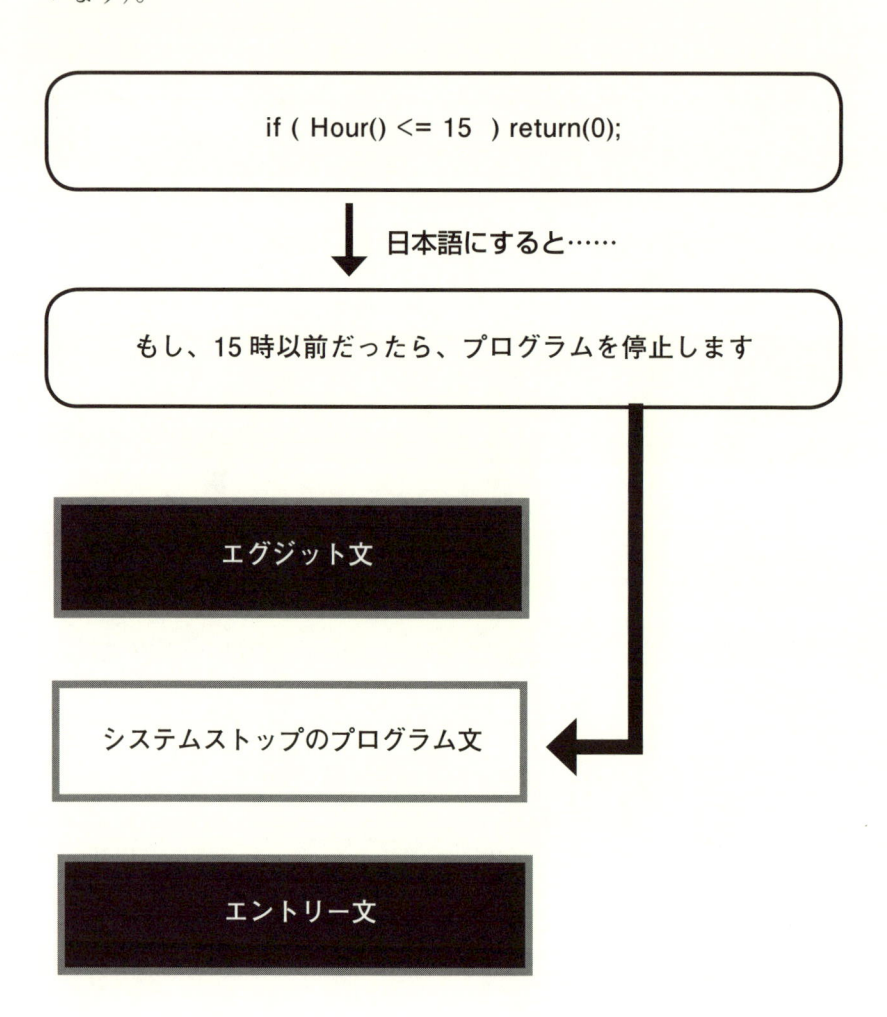

```
if ( Hour() <= 15  ) return(0);
```

↓ 日本語にすると……

もし、15時以前だったら、プログラムを停止します

エグジット文

システムストップのプログラム文

エントリー文

解説

時間を表すには「Hour ()」を使います。

「Hour()」は現在「■時●●分」の「■時」を表す関数になります。例えば、現在 6 時 20 分であれば「Hour()」は「6」になります。18 時 52 分であれば「18」になります。

仮に、本書で使用している FXDD のヒストリカルデータでニューヨーク市場のみトレードを行いたいとすると、エグジット文とエントリー文の間に次のように記述します。

```
if ( Hour() <= 15  ) return(0);
```

return(0) はその後に書かれているプログラムを停止させる呪文でしたね。したがって、15時以前はエントリーのプログラムを停止させます。逆説的にいいますと、16〜23時のみエントリーを行います(注:24時は、プログラム上、0時になるためエントリーはしません)。

FXDD のヒストリカルデータの 16〜23 時は日本時間で 23〜6 時になります。ニューヨーク時間で特に活発な時間帯になります。

参考までに、東京市場の時間帯のみエントリーをしたい場合は次のように記述します。

```
if ( Hour() >= 9  ) return(0);
```

9時以降になったらプログラムを停止させます。逆説的にいいますと 0〜8時のみエントリーをします。

FXDD のヒストリカルデータの 0〜8 時は日本時間で 7〜15 時になりますので、東京時間のメインの時間帯になります。

日付限定　プログラム編

　定型文のエグジット文とエントリー文の間に次のプログラムを挿入します（定型文は初めにエグジット文、次にエントリー文が書かれています）。

```
if (Day()==10 || Day()==15 || Day()==20 || Day()==30) return(0);
```

↓ 日本語にすると……

もし、10日、15日、20日、30日だったら、プログラムを停止します

エグジット文

システムストップのプログラム文

エントリー文

解説

日付を表すには Day () を使います。

「Day ()」は「■月●●日」の「●●日」を表す関数になります。例えば、6月20日であれば「Day()」は「20」になります。12月10日であれば「10」になります。

10日、15日、20日、30日のみトレードをしたくなければ、エグジット文とエントリー文の間に次のように記述します。

---

if (Day()==10||Day()==15||Day()==20||Day()==30) return(0)

ここで気をつけてほしいのが記号の「==」と「‖」です。

「==」はイコールでなく、イコール・イコールです。イコールを続けて2つ記述します。参考までにイコールとイコール・イコールの違いは以下のとおりです。

「=」⇒ 左辺に右辺を代入　　例　A = B　　AにBを代入
「==」⇒ 左辺と右辺が等しい　例　A==B　　Aとは等しい

「Day()==10」の意味するところは、10日を表します。

次に「‖」についてです。日本語で言うと「もしくは」になります。

よく対にして説明されるのが、「&&」です。「&&」は英語で言えば and に相当し、「かつ」という意味です。

それに対して、「‖」は英語で言えば or に相当します。ちなみに、呼び方はさまざまですが、バーティカルバーと呼んだりします。

したがって「if (Day()==10 || Day()==15 || Day()==20 || Day()==30)」で「10日、もしくは15日、もしくは20日、もしくは30日だったら」となります。

　return(0) はもうおなじみ、その後に書かれているプログラムを停止させる呪文です。

買いと売りのパラメーターを変える　プログラム文　その1

※注目：下記のプログラムを1時間足に適用

```
// マジックナンバーの定義
#define MAGIC 11

// パラメーターの設定 //

extern double Lots = 1.0; // 取引ロット数
extern int Slip = 10; // 許容スリッページ数
extern string Comments = " "; // コメント

// 変数の設定 //
int Ticket_L = 0; // 買い注文の結果をキャッチする変数
int Ticket_S = 0; // 売り注文の結果をキャッチする変数
int Exit_L = 0; // 買いポジションの決済注文の結果をキャッチする変数
int Exit_S = 0; // 売りポジションの決済注文の結果をキャッチする変数


int start()
{

   // 買いポジションのエグジット
   if(  iCustom(NULL,0,"Moving Averages",8,0,0,0,2) >=
        iCustom(NULL,0,"Moving Averages",97,0,0,0,2)
     && iCustom(NULL,0,"Moving Averages",8,0,0,0,1) <
        iCustom(NULL,0,"Moving Averages",97,0,0,0,1)
     && ( Ticket_L != 0 && Ticket_L != -1 ))
     {
       Exit_L = OrderClose(Ticket_L,Lots,Bid,Slip,Red);
       if( Exit_L ==1 ) {Ticket_L = 0;}
     }
```

次ページへ

買いと売りのパラメーターを変える　プログラム文　その2

```
// 売りポジションのエグジット
if(   iCustom(NULL,0,"Moving Averages",[12],0,0,0,2) <=
      iCustom(NULL,0,"Moving Averages",[27],0,0,0,2)
   && iCustom(NULL,0,"Moving Averages",[12],0,0,0,1) >
      iCustom(NULL,0,"Moving Averages",[27],0,0,0,1)
   && ( Ticket_S != 0 && Ticket_S != -1 ))
   {
      Exit_S = OrderClose(Ticket_S,Lots,Ask,Slip,Blue);
      if( Exit_S ==1 ) {Ticket_S = 0;}
   }


// 買いエントリー
if(   iCustom(NULL,0,"Moving Averages",[8],0,0,0,2) <=
      iCustom(NULL,0,"Moving Averages",[97],0,0,0,2)
   && iCustom(NULL,0,"Moving Averages",[8],0,0,0,1) >
      iCustom(NULL,0,"Moving Averages",[97],0,0,0,1)
   && ( Ticket_L == 0 || Ticket_L == -1 )
   && ( Ticket_S == 0 || Ticket_S == -1 ))
   {
      Ticket_L = OrderSend(Symbol(),OP_BUY,
                   Lots,Ask,Slip,0,0,Comments,MAGIC,0,Red);
   }

// 売りエントリー
if(   iCustom(NULL,0,"Moving Averages",[12],0,0,0,2) >=
      iCustom(NULL,0,"Moving Averages",[27],0,0,0,2)
   && iCustom(NULL,0,"Moving Averages",[12],0,0,0,1) <
      iCustom(NULL,0,"Moving Averages",[27],0,0,0,1)
   && ( Ticket_S == 0 || Ticket_S == -1 )
   && ( Ticket_L == 0 || Ticket_L == -1 ))
   {
      Ticket_S = OrderSend(Symbol(),OP_SELL,
                   Lots,Bid,Slip,0,0,Comments,MAGIC,0,Blue);
   }


return(0);
}
```

移動平均線＋ヨーロッパ・NY時間のみ　プログラム文　その1

※注目：下記のプログラムを1時間足に適用

```
// マジックナンバーの定義
#define MAGIC 12

// パラメーターの設定 //

extern double Lots = 1.0; // 取引ロット数
extern int Slip = 10; // 許容スリッページ数
extern string Comments = " "; // コメント

// 変数の設定 //
int Ticket_L = 0; // 買い注文の結果をキャッチする変数
int Ticket_S = 0; // 売り注文の結果をキャッチする変数
int Exit_L = 0; // 買いポジションの決済注文の結果をキャッチする変数
int Exit_S = 0; // 売りポジションの決済注文の結果をキャッチする変数


int start()
{

// 買いエントリー及び買いポジションのエグジットのプログラムを有効
// にする場合は、該当プログラムの /* と */ を消去してからコンパイル
// してください。

   // 買いポジションのエグジット
   if(   iCustom(NULL,0,"Moving Averages",1,0,0,0,2) >=
         iCustom(NULL,0,"Moving Averages",67,0,0,0,2)
      && iCustom(NULL,0,"Moving Averages",1,0,0,0,1) <
         iCustom(NULL,0,"Moving Averages",67,0,0,0,1)
      && ( Ticket_L != 0 && Ticket_L != -1 ))
      {
         Exit_L = OrderClose(Ticket_L,Lots,Bid,Slip,Red);
         if( Exit_L ==1 ) {Ticket_L = 0;}
      }
```

次ページへ

移動平均線＋ヨーロッパ・NY時間のみ　プログラム文　その2

```
/*
  // 売りポジションのエグジット
  if(    □□□□
      && ( Ticket_S != 0 && Ticket_S != -1 ))
    {
     Exit_S = OrderClose(Ticket_S,Lots,Ask,Slip,Blue);
     if( Exit_S ==1 ) {Ticket_S = 0;}
    }
*/

  // トレード時間の限定
  if ( Hour() <= 8  ) return(0);

/*
  // 日時限定
  if ( Day() ==  10 || Day() ==  15 || Day() ==  20 || Day() ==  30 )return(0);
*/

  // 買いエントリー
  if(  iCustom(NULL,0,"Moving Averages",1,0,0,0,2) <=
       iCustom(NULL,0,"Moving Averages",67,0,0,0,2)
    && iCustom(NULL,0,"Moving Averages",1,0,0,0,1) >
       iCustom(NULL,0,"Moving Averages",67,0,0,0,1)
    && ( Ticket_L == 0 || Ticket_L == -1 )
    && ( Ticket_S == 0 || Ticket_S == -1 ))
    {
     Ticket_L = OrderSend(Symbol(),OP_BUY,
                 Lots,Ask,Slip,0,0,Comments,MAGIC,0,Red);
    }
```

次ページへ

移動平均＋ヨーロッパ・NY 時間のみ　プログラム文　その3

```
/*
  //売りエントリー
  if(     △△△△
     && ( Ticket_S == 0 || Ticket_S == -1 )
     && ( Ticket_L == 0 || Ticket_L == -1 ))
   {
     Ticket_S = OrderSend(Symbol(),OP_SELL,
                 Lots,Bid,Slip,0,0,Comments,MAGIC,0,Blue);
   }
*/

return(0);
}
```

【独自のEAにするまでの過程】

概念	作業	具体例
仮説	アイデアを足す	2つの時間足を使う
↓	↓	↓
証明	バックテストする	パフォーマンスが良い →仮説は正しい パフォーマンスが悪い →仮説は正しくない
↓	↓	↓
改善	自分なりの アプローチ	他通貨の2つの時間足 を見る
↓	↓	↓

独自のEAへ

特別付録編

その①

ヒストリカルデータの入手方法および
メタトレーダーへの取り込み方法

長期のヒストリカルデータのインポート方法

　バックテストを行うためには、ヒストリカルデータが必須です。しかし、メタトレーダーには5分足で数カ月分、1時間足で半年分程度しか用意されておりません（業者によって異なります）。

　数カ月のお付き合いでは完全にお互いを知ることができないのと同様に、数カ月間のバックテストではいくら結果がよくてもシステムを信じ切ることができず、結果としてリアルトレードを始めても少し負けが続くと継続するのは難しくなってしまうと思います。

　したがって、もっと長期間のバックテストを行うのが好ましいと思います。そのとき、ヒストリカルデータを用意してメタトレーダーにインポートする必要があります。

　ここでは参考例としてFXDD社からヒストリカルデータをダウンロードしてFXCM社のメタトレーダーにインポートする手順をご紹介したいと思います。

1 ヒストリカルデータをダウンロード

メタトレーダーを採用しているFX業者のなかには、無料でヒストリカルデータを公表している業者があります。例えば、FXDDでは主要な通貨ペアの1分足を2005年分からダウンロードできます。

FXDD ダウンロードセンター

http://global.fxdd.com/en/mt1m-data.html

お好きな通貨ペアをクリックすると、ダウンロードが開始します。

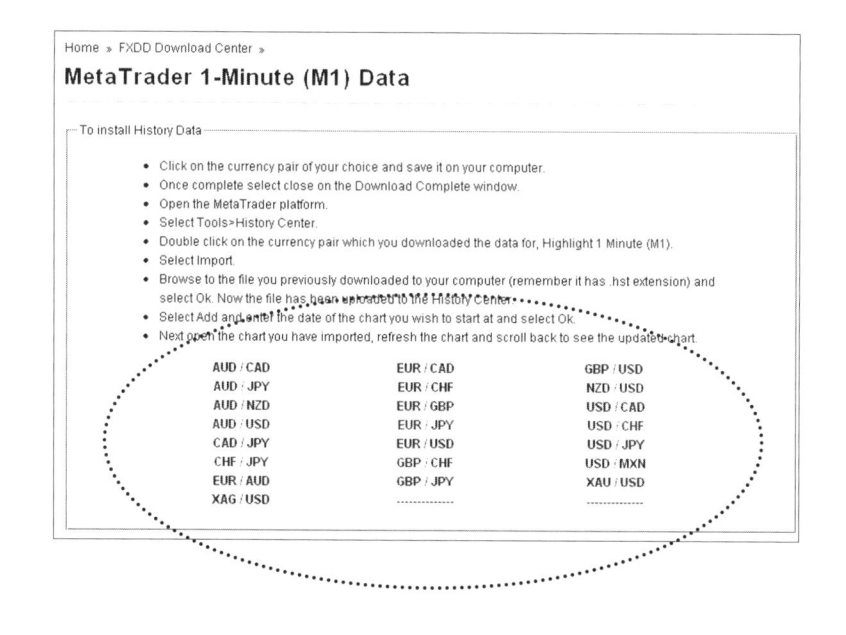

Home » FXDD Download Center »

MetaTrader 1-Minute (M1) Data

To install History Data

- Click on the currency pair of your choice and save it on your computer.
- Once complete select close on the Download Complete window.
- Open the MetaTrader platform.
- Select Tools>History Center.
- Double click on the currency pair which you downloaded the data for, Highlight 1 Minute (M1).
- Select Import.
- Browse to the file you previously downloaded to your computer (remember it has .hst extension) and select Ok. Now the file has been uploaded to the History Center.
- Select Add and enter the date of the chart you wish to start at and select Ok.
- Next open the chart you have imported, refresh the chart and scroll back to see the updated chart.

AUD / CAD	EUR / CAD	GBP / USD
AUD / JPY	EUR / CHF	NZD / USD
AUD / NZD	EUR / GBP	USD / CAD
AUD / USD	EUR / JPY	USD / CHF
CAD / JPY	EUR / USD	USD / JPY
CHF / JPY	GBP / CHF	USD / MXN
EUR / AUD	GBP / JPY	XAU / USD
XAG / USD		

217

ダウンロードしたzipファイルをダブルクリックすると、中に「○○○.hst」（○○○は通貨ペア名です。ここではドル円で説明します）というファイルがありますので、デスクトップなどに保存します。

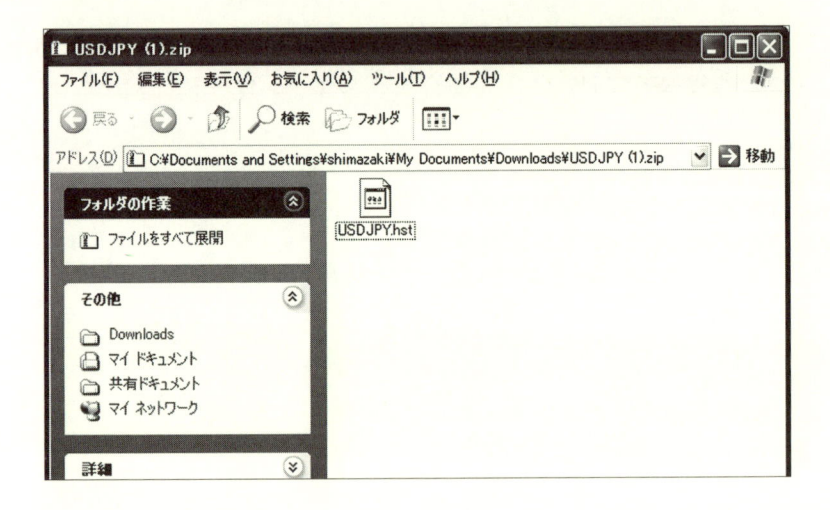

2 長期のデータを取り込めるようにメタを設定する

「ツール」の「オプション」をクリックします。

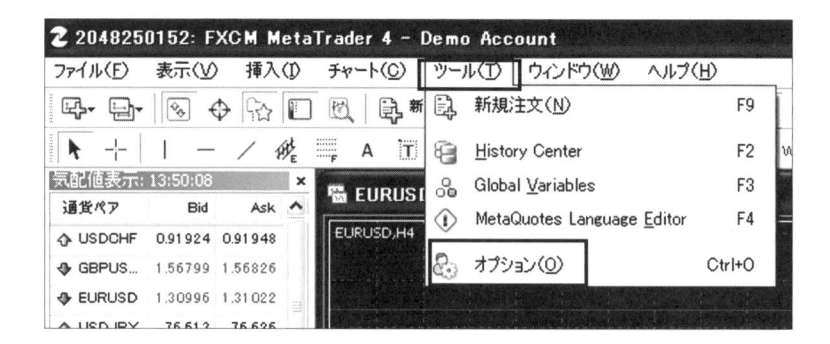

「チャート」タブの「ヒストリー内の最大バー数」および「チャートの最大バー数」に「9999999999999999」と9を入力できるだけ入力して、「OK」をクリックします。

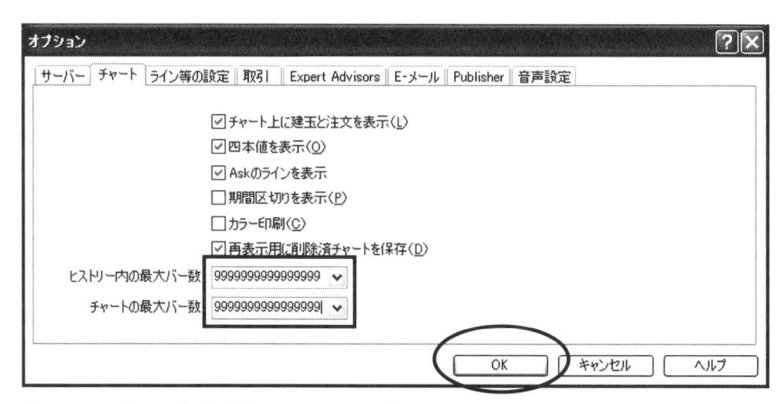

※「ヒストリー内の最大バー数」⇒メタトレーダーに保存できるヒストリカルデータの最大バー数

※「チャートの最大バー数」⇒チャートに表示できる最大バー数

再度、「ツール」の「オプション」から「チャート」タブを開き、「ヒストリー内の最大バー数」および「チャートの最大バー数」が「2147483647」になっていることを確認します。「2147483647」がヒストリカルデータを取り込める最大数になります。

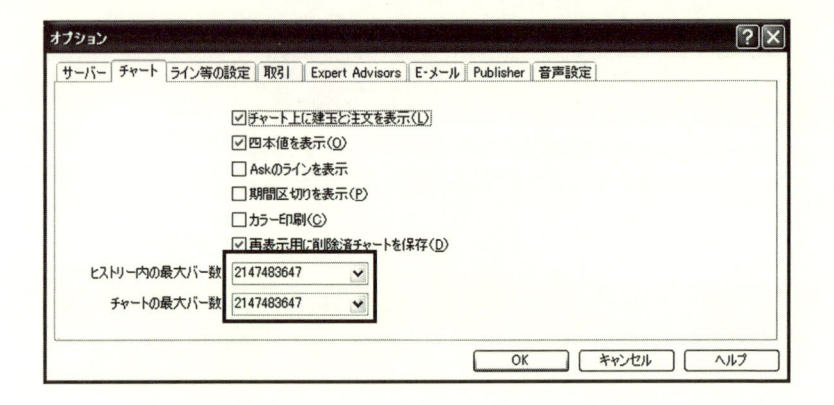

3 ヒストリカルデータをインポート

「ツール」の「History Center」をクリックします。

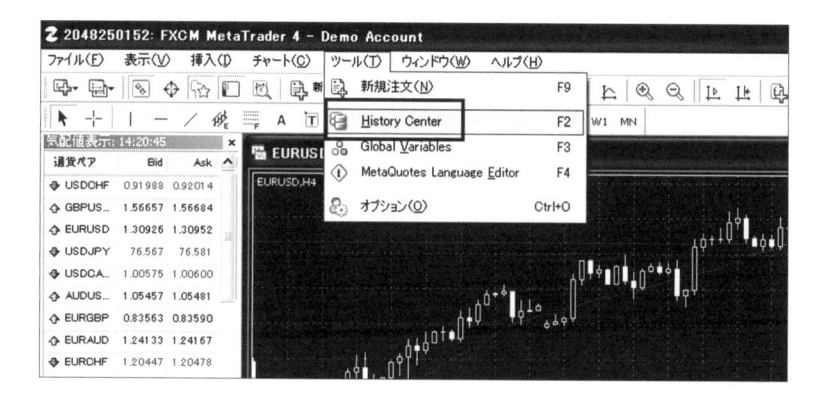

「USDJPY」の「1Minute(M1)」をダブルクリックします。

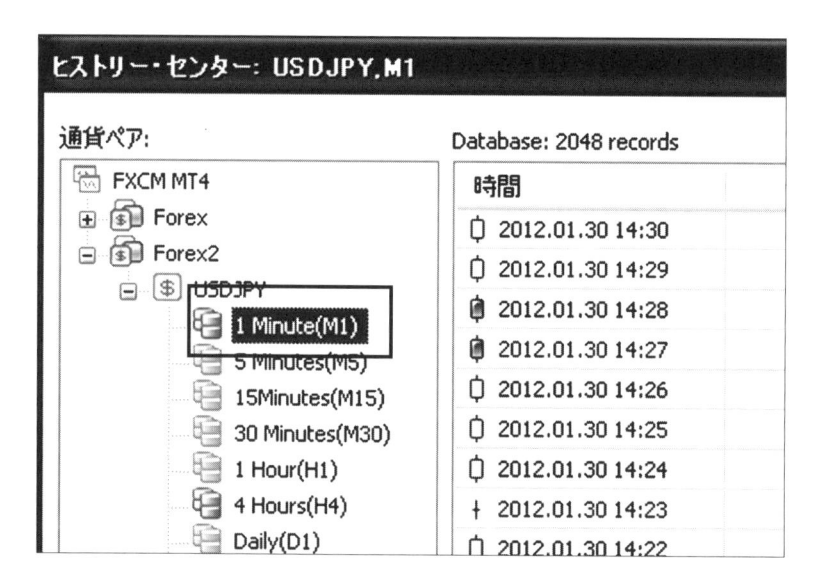

「インポート」をクリックします。

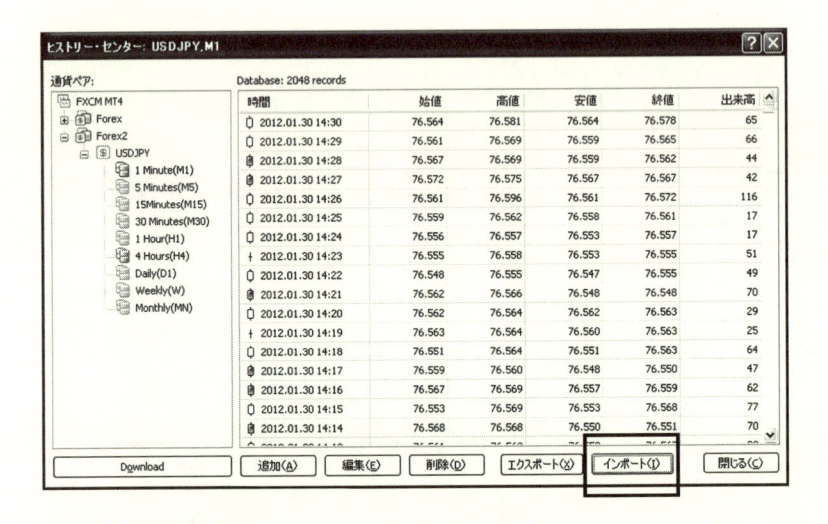

ポップアップ画面がでてきますので「Browse」をクリックします。

「ファイルの種類」を「MetaQuotes files(*.hst)」を選択したうえで、「ファイル名」で「USDJPY.hst」を選択し、「開く」をクリックします。

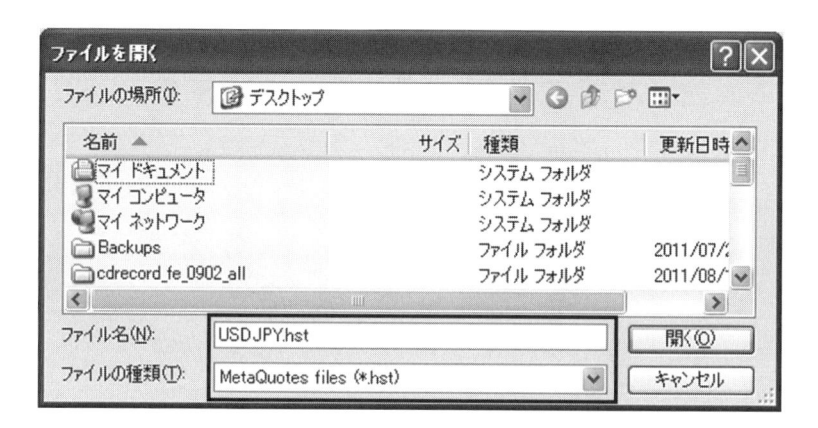

データが表示されていることを確認し、「OK」をクリックします。

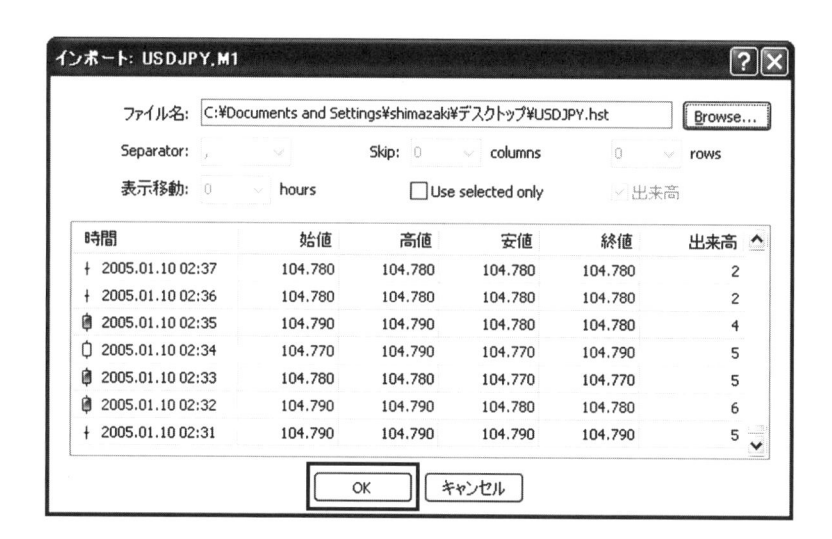

データが取り込まれていることを確認し、「閉じる」をクリックします。

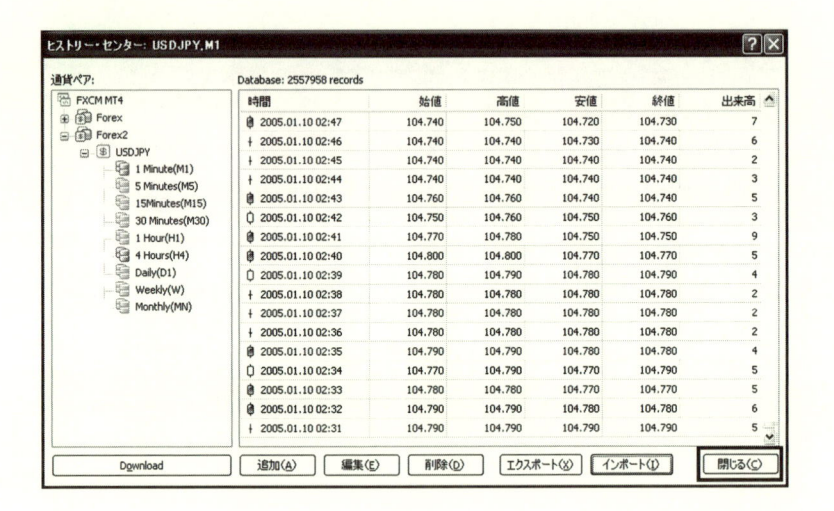

これでヒストリカルデータ（1分足）のインポートは完了です。インポートを反映させるためメタトレーダーを再起動してください。

4　1分足からほかの分足の作成

「ファイル」から「オフラインチャート」をクリックします。

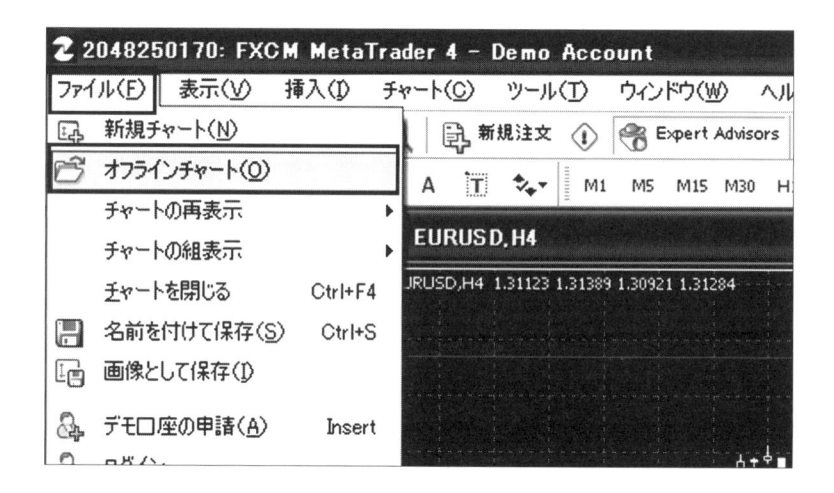

先ほどインポートした1分足を選択したうえで、「開く」をクリックします。

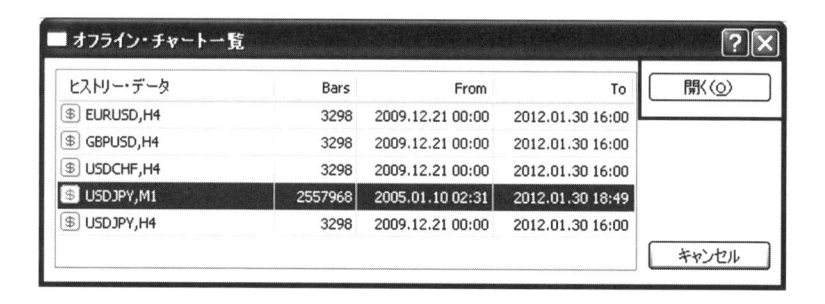

チャートが表示されます。

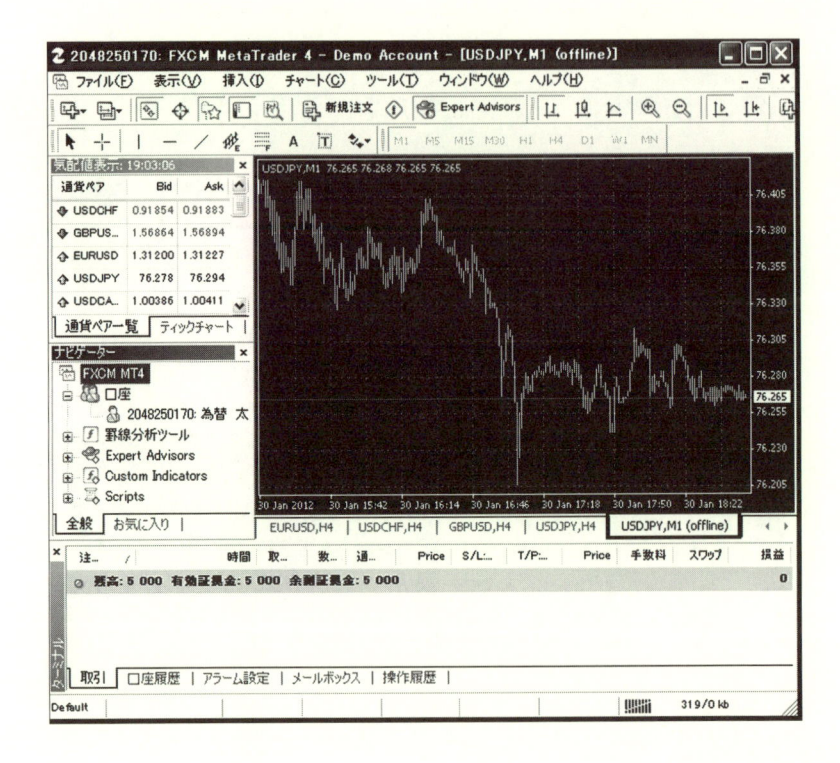

「ナビゲーター」の「Script」から「period_converter」をダブルクリックします。

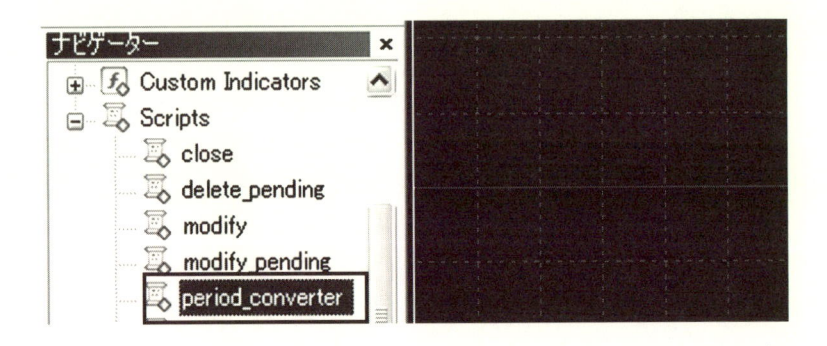

ポップアップ画面がでてきますので、「パラメーターの入力」タブにて「Value」に「5」と入力します。「5」と入力することで5分足を作成することができます。入力したら「OK」をクリックします。

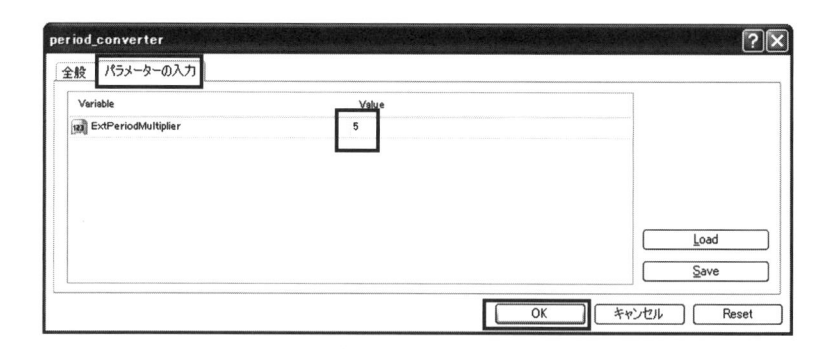

同様に「Script」の「period_converter」をダブルクリックし他の足も作成していきます。

作成したい分足	Value に入力する値
5分足	5
15分足	15
30分足	30
60分足	60
4時間足	240
日足	1440
週足	10080
月足	43200

※データインポートのときの注意事項

業者によってヒストリカルデータの基準時間が異なるため、他社のデータをインポートする場合は注意が必要です。例えば FXDD では GMT+3時間を採用していますが、FXCM では GMT 時間を採用し

ています。したがって「〇時にエグジット」のような時間を使ったシステムの場合、同じ5時でもFXDDのヒストリカルデータの5時とFXCMのヒストリカルデータの5時では異なる時間を指していますので、十分注意してください。

特別付録編

その②

バックテスト・最適化方法

1 バックテストの方法

「テスター」ウィンドウを表示させます。

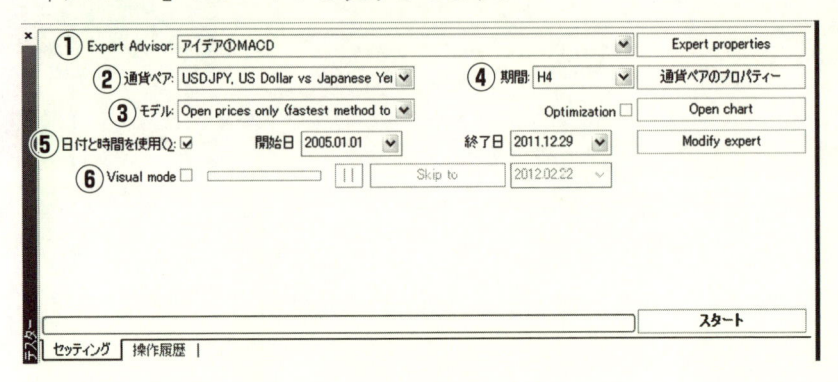

①自動売買プログラムを選択

バックテストを行いたい EA をプルダウンして選択します。

②通貨ペアを選択

取扱通貨ペアから選択します。

③バックテストモデルを選択

バックテストモデルは次の3つから選択します。

◎ Open prices only
◎ Control points
◎ Every tick

　本書でご紹介している検証結果はすべて「Open prices only」で行えます。正確性はもちろん、早さと利便性を優先しております。

④タイムフレームを選択

　メタトレーダーが対応しているタイムフレームから選択します。

　本書でご紹介している検証結果は、H4（4時間）、H1（1時間）、M5（5分）のいずれかとなります。以下をご参照ください。

■H4（4時間）での検証結果
アイデア1　「買いのみ」「売りのみ」で分析してみる
アイデア2　「マルチタイムフレーム」を加えてみる
アイデア3　チャートパターンを使ってみる
アイデア5　他通貨でも試してみる
アイデア7　他通貨を見てみる

■H1（1時間）での検証結果
アイデア8　ブレイクアウト戦略を試してみる
アイデア9　買いと売りでパラメーターを変えてみよう

■M5（5分）での検証結果
アイデア4　利益確定・ロスカットを入れてみる
アイデア6　時間でエグジットしてみる

⑤バックテスト期間を選択

　「日付と時間を使用」にチェックを入れると、バックテスト期間を指定できます。チェックを入れない場合、メタトレーダーに保存されているヒストリカルデータの全期間でバックテストします。

⑥任意で「Visual mode」にチェック

　「Visual mode」にチェックを入れた場合、リアルタイムで売買を行っているかのように、視覚的に再現したバックテストを行います。

⑦パラメーターの値を設定

「Value」に各パラメーターの値を入力します。

プログラム上で「extern」を付けて宣言されたものは「パラメーターの入力」タブの「Value」にて変更することができます（下図参照）。

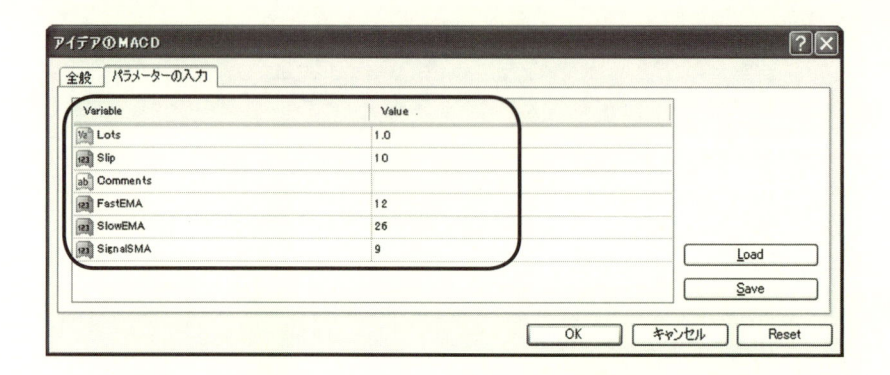

```
アイデア①MACD

全般  パラメーターの入力

Variable        Value
Lots            1.0
Slip            10
Comments
FastEMA         12
SlowEMA         26
SignalSMA       9

                        Load
                        Save

        OK    キャンセル   Reset
```

すべてのプログラムに共通のパラメーターの詳細は下記になります。

Lots （初期値：1.0）

取引ロット数です。10万通貨は1.0と、1万通貨は0.1と入力します。

Slip （初期値：10）；

許容スリッページ数です。1ポイントは1と、10ポイントは10と入力します。

Comments （初期値：空欄）

注文に自由につけられるコメントです。空欄でも構いません。

⑧バックテストを行う設定を確認

着目するべきは「Spread」です。メタトレーダーでは、バックテ

ストを行うとその時点のスプレッドが加味されてパフォーマンスが算出されます。具体的には、下図の「Spread」の値がバックテストに適用されるスプレッドになります。ポイント単位で表示されています。

スプレッドが変動する業者の場合は注意が必要です。同じ売買システムであってもバックテストをする時点のスプレッドが異なれば、パフォーマンス結果も異なることを頭に入れておいてください。

USDJPY contract specification	
Spread	20
Digits	3
Stops level	0
Pendings are good till cancel	‰ಗ಼ロ"
Contract size	100000
Profit calculation mode	Forex
Margin calculation mode	Forex
Margin initial	100000.00
Margin maintenance	100000.00
Margin hedge	50000

最適化とはその名のとおり、総損益、PF(プロフィット・ファクター)、最大ドローダウンなどのベストとなる値を見つけることです。つまりマーケットとインディケータが最もかみ合うパラメーターを自動で調べてくれます。

しかし、あくまで「過去の相場」に対してベストなパラメーターであって、これから将来にわたってもベストであるかはまったく分からないことに注意してください。だからといって、過去にまったく通用しなかったパラメーターを使うのは勇気のいることです。少なくともこれまでのベストなパラメーターを知っていることは検証を深めるうえでも重要だと考えます。

マルチタイムフレームを使った戦略のバックテスト

マルチタイムフレームを使ったEAをバックテストするときには、タイムフレームに注意が必要です。マルチタイムフレームを使った戦略のバックテストは使用している足の中で最も短い足で行います。

例えば、売買ルールに4時間足と週足を使用している場合は、短いほうの足である4時間足（H4）でバックテストを行います。

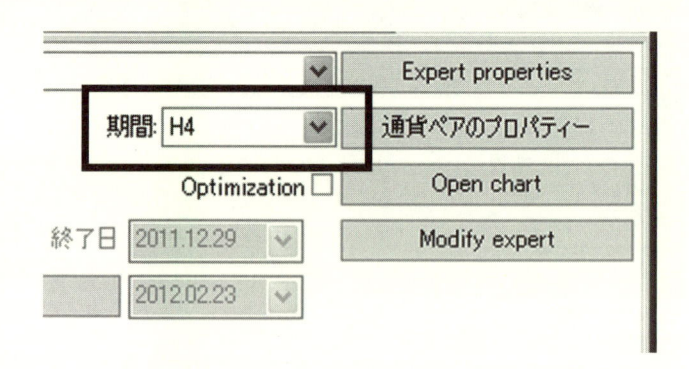

もうひとつ例を挙げます。15分足と4時間足のMACDでバックテストを行う場合は、短いほうの足である15分足でバックテストを行えばOKです。このとき、プログラムのタイムフレームの記述にも気をつけてください。

```
         0または15と入力
              ↓
iCustom(NULL,0,"MACD",12,26,9,0,1) <
iCustom(NULL,0,"MACD",12,26,9,1,1)
&&
iCustom(NULL,240,"MACD",12,26,9,0,1) >
iCustom(NULL,240,"MACD",12,26,9,1,1)
              ↑
         240と入力
```

＋ 15分足

◆パフォーマンスレポートの主要な指標の見方

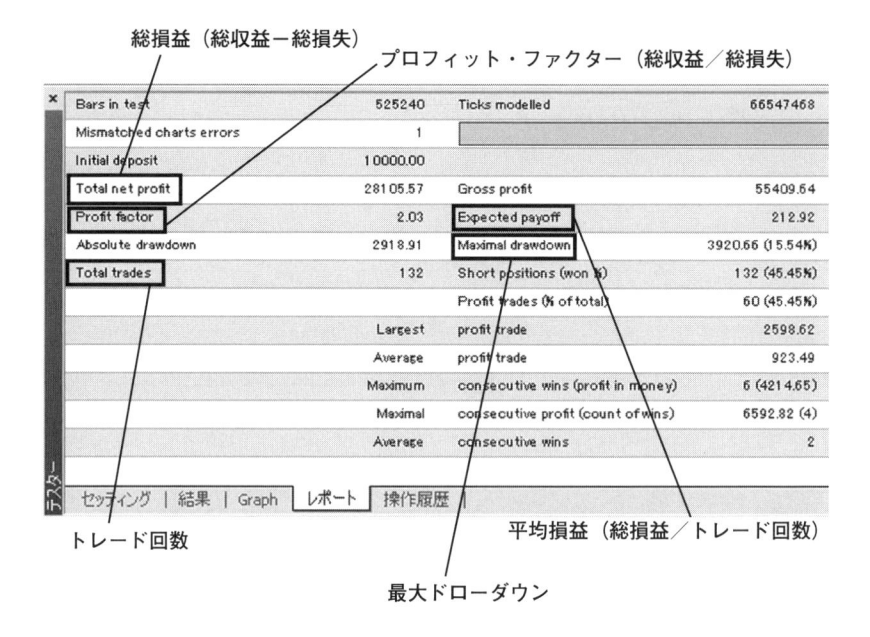

Bars in test	525240	Ticks modelled	66547468
Mismatched charts errors	1		
Initial deposit	10000.00		
Total net profit	28105.57	Gross profit	55409.64
Profit factor	2.03	Expected payoff	212.92
Absolute drawdown	2918.91	Maximal drawdown	3920.66 (15.54%)
Total trades	132	Short positions (won %)	132 (45.45%)
		Profit trades (% of total)	60 (45.45%)
Largest	profit trade		2598.62
Average	profit trade		923.49
Maximum	consecutive wins (profit in money)		6 (4214.65)
Maximal	consecutive profit (count of wins)		6592.82 (4)
Average	consecutive wins		2

- 総損益（総収益－総損失）→ Total net profit
- プロフィット・ファクター（総収益／総損失）→ Profit factor
- トレード回数 → Total trades
- 最大ドローダウン → Maximal drawdown
- 平均損益（総損益／トレード回数）→ Expected payoff

235

2 最適化の方法

①「Expert properties」をクリック

②最適化を行うパラメーターにチェック

「スタート」「ステップ」「ストップ」に数値を入力してください。

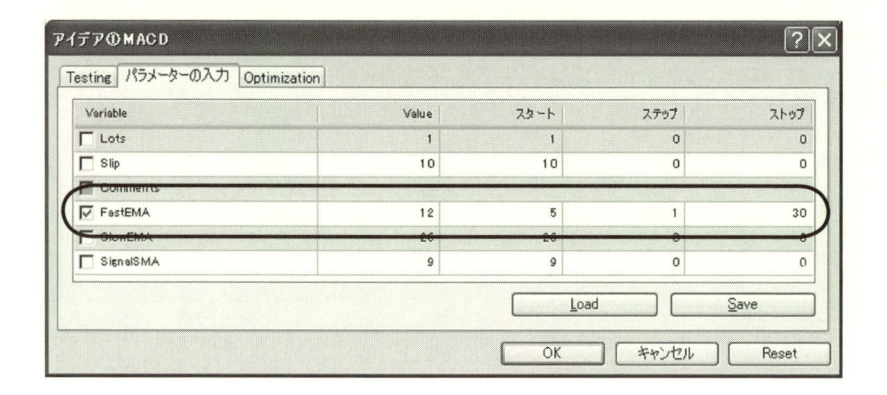

◎「スタート」……初期値
◎「ステップ」……変化幅
◎「ストップ」……最終値

例えば前ページの②の図ですと、「FastEMA」のパラメーターを5から30まで「1刻み」で変化させる設定になります。

③「Optimization」(＝最適化)にチェック

「スタート」ボタンをクリックしてください。

④「Optimization Results」にパラメーターを変化させたときのパフォーマンスが表示

「損益」「Profit factor」などの項目をクリックすることで、昇順および降順に並べ替えることが可能です。

ただし、「Optimization Results」上で右クリックすると表示される「Skip Useless Results」にチェックを入れていると損益がマイナスの

237

ものについては表示されません。損益がマイナスのものも表示させる場合はチェックを外したうえでもう一度最適化をしてください。

⑤「Optimization Graph」

それぞれのパラメーターでトレードした場合に、最終的な資産残高がいくらになったかをグラフで表示したものです。

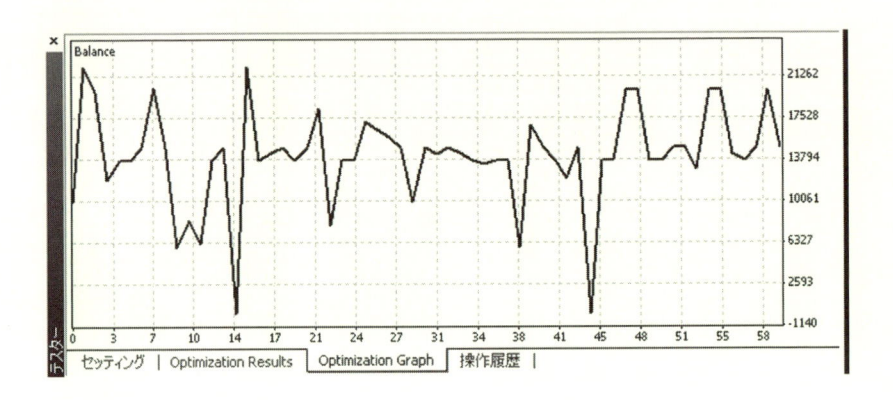

特別付録編

その③

フリーで入手できる
インディケータをEA化

1 ダウンロードしたインディケータを EA に変身させよう！

メタトレーダーに初めから装備されているインディケータにかぎらず、外部のウエブサイトから気に入ったインディケータを見つけてきて、それを EA に変身させることもできます。

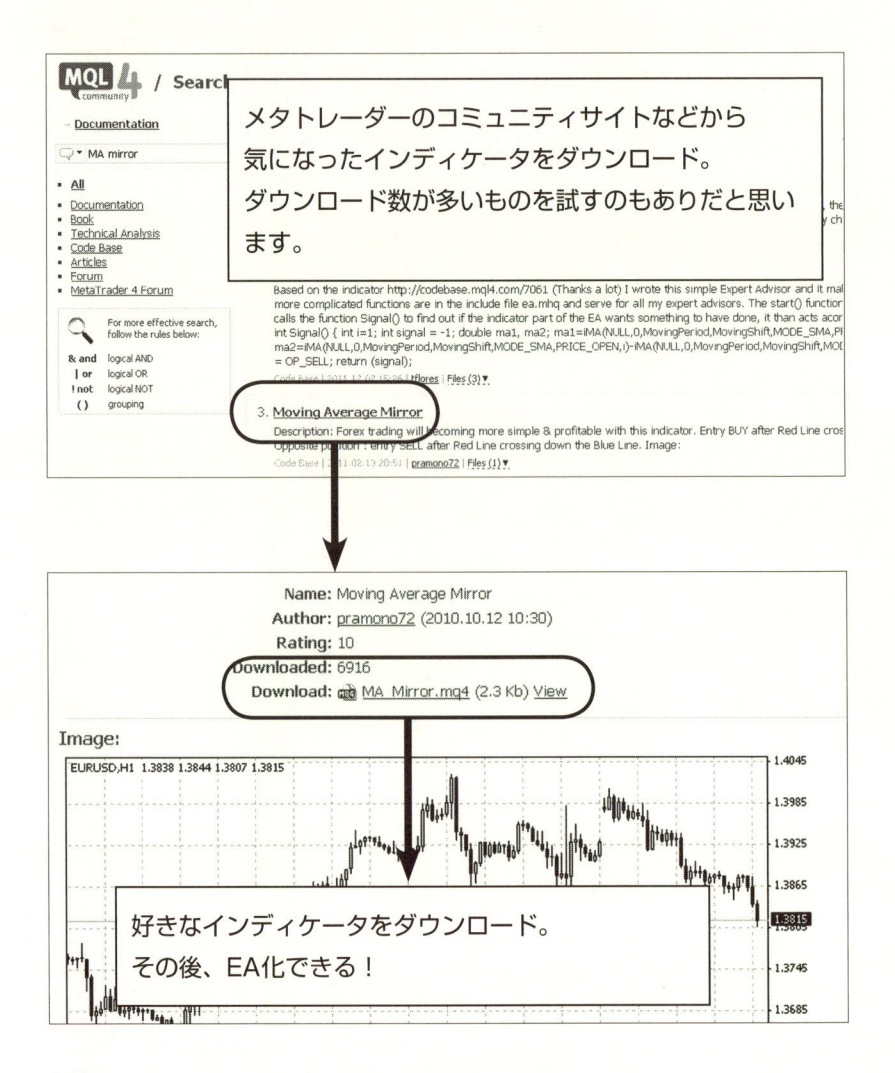

メタトレーダーのコミュニティサイトなどから気になったインディケータをダウンロード。ダウンロード数が多いものを試すのもありだと思います。

好きなインディケータをダウンロード。
その後、EA化できる！

ウエブサイト上のメタトレーダーのコミュニティやフォーラムでは世界中のメタトレーダー愛好者によって開発されたインディケータが公開されており、その多くはフリーでダウンロードできます。よく知られたベーシックなものから、開発者独自のユニークなものまで、非常にたくさんあります。このようにインディケータを発掘してEA化し、トレードできるのも、メタトレーダーの醍醐味のひとつです。
　iCustomで変身可能なものを列挙します。例えば、ソースコードの中身が見ることができない「ex4ファイル」であっても変身可能です。

■以下のすべてが iCustom で変身できるものです！

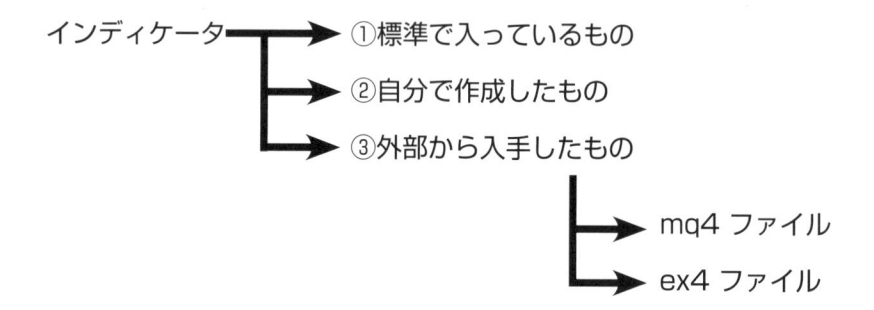

```
インディケータ ──┬──▶ ①標準で入っているもの
              ├──▶ ②自分で作成したもの
              └──▶ ③外部から入手したもの ──┬──▶ mq4 ファイル
                                        └──▶ ex4 ファイル
```

　West Village Investment（ウエストビレッジインベストメント）のサイトで、メタトレーダーに入っているもの以外の代表的なインディケータをダウンロードできるようにしました。またそれらのライン番号一覧も公開していますので、ご自身でライン番号を調べることなくインディケータに変身可能です。

WestVillage Investment　のホームページ
URL：http://www.wvi.jp/　　　または　　| wvi | 検索 |

トップページ右上の「シストレラボ」をクリックします。

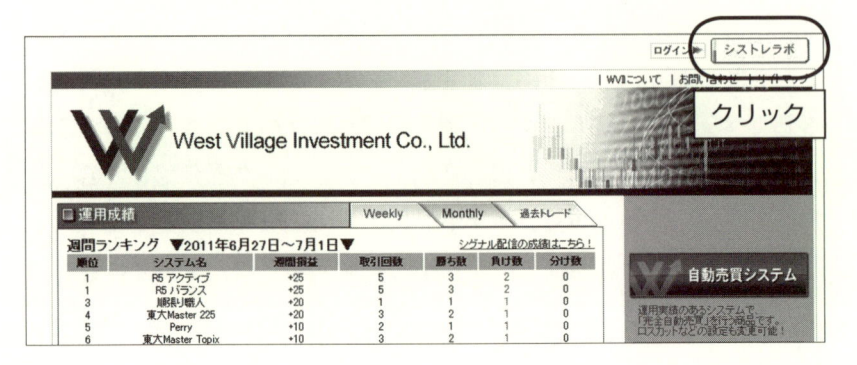

「WVIスタッフのシストレ汗だく日記」をクリックします。

「メタトレーダーのインディケータとライン番号」をクリックしますと、インディケータがダウンロードできるページにいきます。

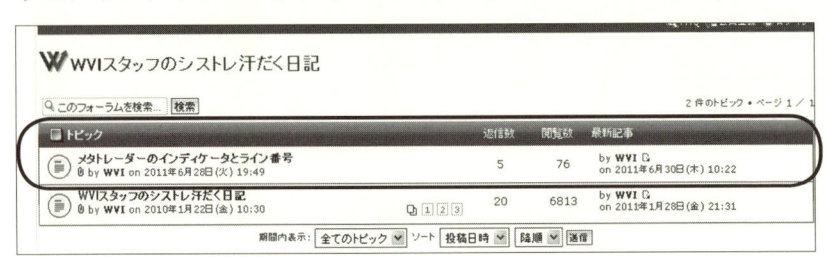

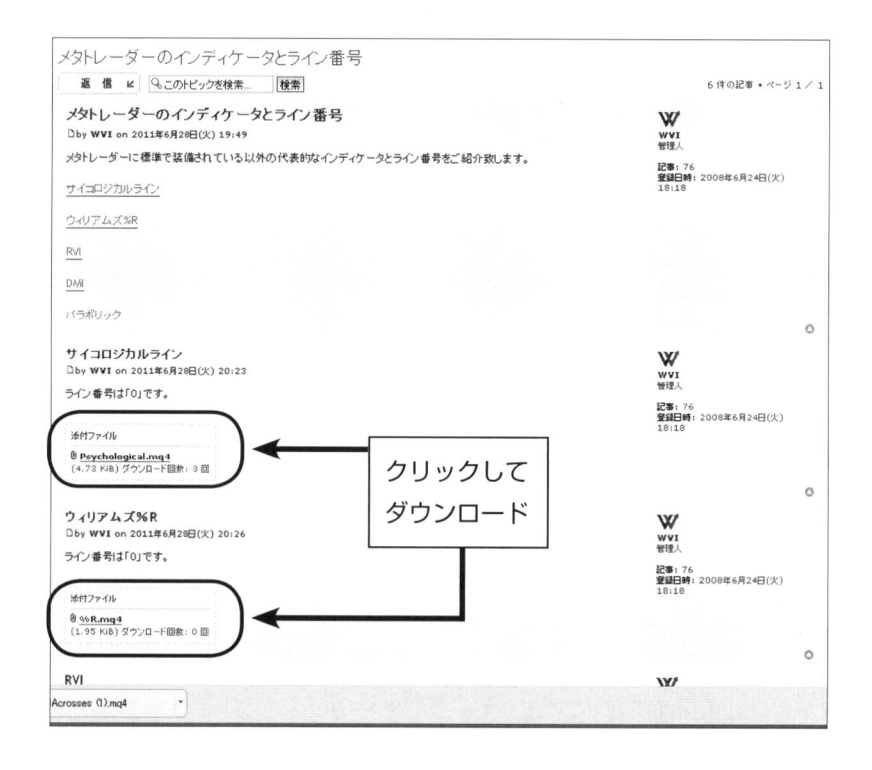

ときどきアップデートしていきますので、訪れてみてください。

2 理論武装編

　ここのお話は皆様がどこかのウエブサイトからあるインディケータ（テクニカルなどのインディケータ）をダウンロードして、そのダウンロードしたインディケータをEAに変身させてバックテストなどをしたいと思ったとき、どうすればいいでしょうか、というお話です。

　つまり、ダウンロードしたインディケータをEAに変身させる方法のお話です。

　そのためにしなくてはいけないお話ですが、理論武装編をすべて理解しなくてもできますので、ここだけは知ってほしいというところだけ覚えてください。

> iCustom(通貨ペア名, タイムフレーム, インディケータ名, パラメーター設定, **ライン番号**, 過去へのシフト数);

　本書ではiCustom関数の5番目の項目のことを「ライン番号」と呼びます。

　ライン番号はメタトレーダーのプログラミングの世界では、「指標バッファのインデックス」や「インディケータ配列のインデックス番号」など難しい表現で呼ばれています。5番目の項目にはインディケータを作成するときに使わなくてはならない「配列」が関係しているためです。インターネットや他書でiCustom関数の5番目の項目が出てきましたら、本書では「ああ、ライン番号のことね」と思っていただければ幸いです。

予備知識はこのくらいにして、本題に戻ります。
　ライン番号とはテクニカルの数値が入っている部屋だと思ってください。部屋は全部で8つしかありません。
　テクニカルの数値とは、例えば、20日間の移動平均の値です。具体的には、20日の平均値を仮に80円とします。この80が、テクニカルの数値となります。
　ご自身で20日間のドル円の移動平均の数値をチャートで確認してみてください。
　チャート上でカーソルを合わせたローソク足の移動平均の値はデータ・ウィンドウに表示されます。ご確認いただいた値がテクニカルの数値です。

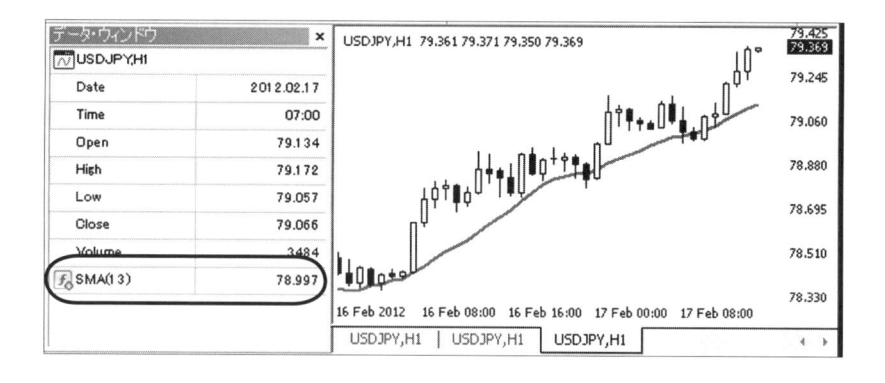

　そのテクニカルの数値は、必ずライン番号という8つの部屋のどこかにいます。8つの部屋の番号は0～7号室です。1～8ではありませんので、ご注意ください。
　ここまでで理解してほしいことは、「テクニカルの数値は必ず0～7番号室のどこかの部屋にある」ということです。

　8つと決めたのが誰なのか気になるでしょうか。それはメタトレーダーを作った人です。メタトレーダーではひとつのインディケータで

245

最大でも8つのラインまでしか描画できないという制限があるためです。"8つ"にはそれ以上の意味はないと思って、すんなり流してください。

重要なことを繰り返します。ここでご理解いただきたいのは、あるテクニカル、例えば、移動平均線の数値が8つのうちのどこかに入っているということです。

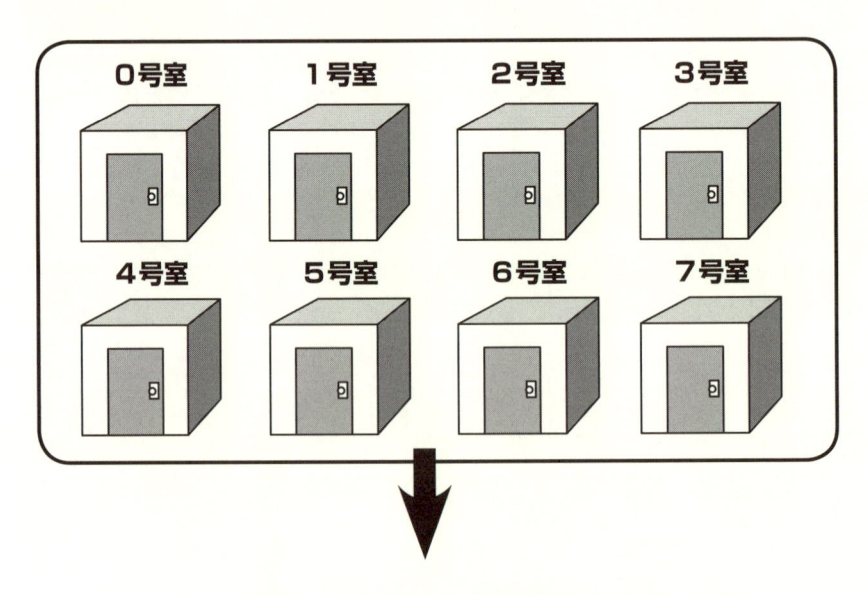

```
┌─────────────────────────────────────────┐
│  0号室    1号室    2号室    3号室       │
│  [箱]    [箱]    [箱]    [箱]          │
│                                         │
│  4号室    5号室    6号室    7号室       │
│  [箱]    [箱]    [箱]    [箱]          │
└─────────────────────────────────────────┘
                    ↓
```

この中のどれかにライン番号が入っている

8つの部屋のどこかにテクニカルの数値が入っているところまでご理解いただいたと思います。

ここで、本論を整理しましょう。

ダウンロードしたインディケータの計算結果さえ分かれば、それをEAに使うことができます。しかも計算結果は8つの部屋のうち、必ずどこかに入っています。

ということは、どこの部屋にあるかを探す方法を身につければOK

ということです。身につければ、基本的に、どんなインディケータでもEAに変身させられます。

ここだけは覚えよう

- ●ライン番号の部屋は**8つ**しかない
- ●8つの部屋には**0号室～7号室**まである
- ●この**0号室～7号室**のどこかに**インディケータの数値**が入っている
- ●ライン番号を記述するのは、iCustom関数の丸カッコ内の**5番目の項目**

3 全体像を把握しよう

ステップは全部でホップ、ステップ、ジャンプの3つあります。まずは実践する前に、一連の流れをイメージしていきましょう。

ステップ1
ライン番号がどの部屋に入っているかを探し当てる

ライン番号は0～7の部屋のどこかに入っています。部屋の開け方を身につけます！

■イメージ図

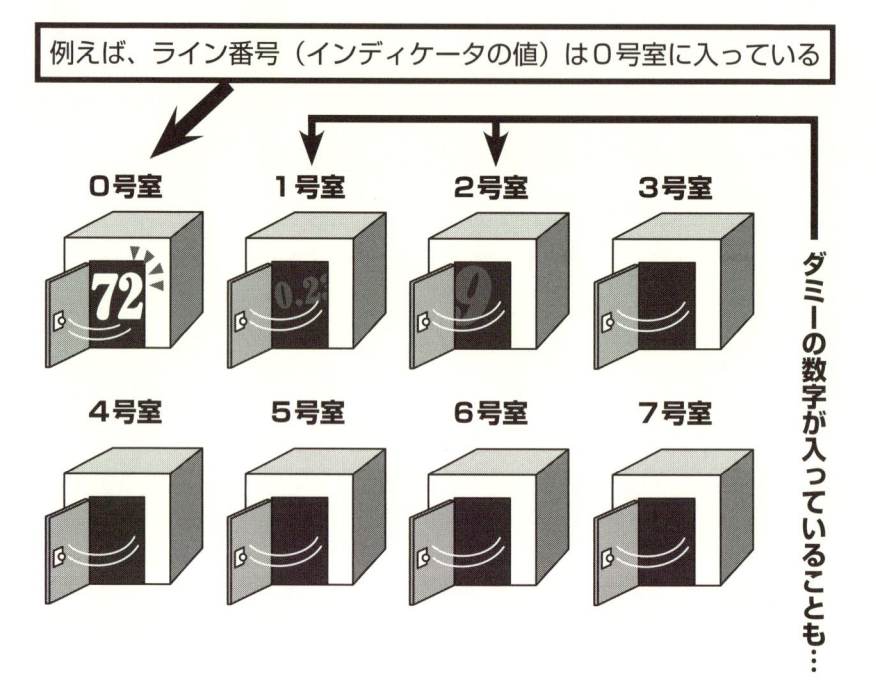

例えば、ライン番号（インディケータの値）は0号室に入っている

0号室　1号室　2号室　3号室

4号室　5号室　6号室　7号室

ダミーの数字が入っていることも…

ステップ2

探し当てたライン番号を使って iCustom 関数でインディケータに変身

　ステップ1で探し当てたライン番号を iCustom 関数の5番目の項目に0〜7のいずれかを記述します。

■イメージ図

> ステップ1で探し当てたライン番号が0号室に入っているなら0と記述

iCustom(NULL, 0, "RSI",12,0,1) <= 30

ステップ3

定型文にコピペする

iCustom の丸カッコの中を完成させて、定型文にコピペします。

■イメージ図

> ▲▲▲▲の箇所に iCustom(NULL, 0, "RSI",12,0,1) <= 30 をコピペする

```
// 買いエントリー
  if(   ▲▲▲▲
     && ( Ticket_L == 0 || Ticket_L == -1 )
     && ( Ticket_S == 0 || Ticket_S == -1 ))
  {
    Ticket_L = OrderSend(Symbol(),OP_BUY,
                         Lots,Ask,Slip,0,0,Comments,MAGIC,0,Red);
  }
```

4 実践編

ここからが山場になります。ここを超えればメタトレーダーマスターにグッと近づきます。

各ステップをひとつずつ解説していきましょう。

ステップ1　部屋番号を探し当てよう！

この作業は iCustom 関数を使う前に、最初にする作業です。

iCustom 関数ではインディケータの値が入っている部屋番号を指定する必要があるため、事前に部屋番号を把握しておく必要がありました。

どの部屋にインディケータの値が入っているのかは、部屋の扉をすべて開いて、中に入っている値を確かめることで把握します。

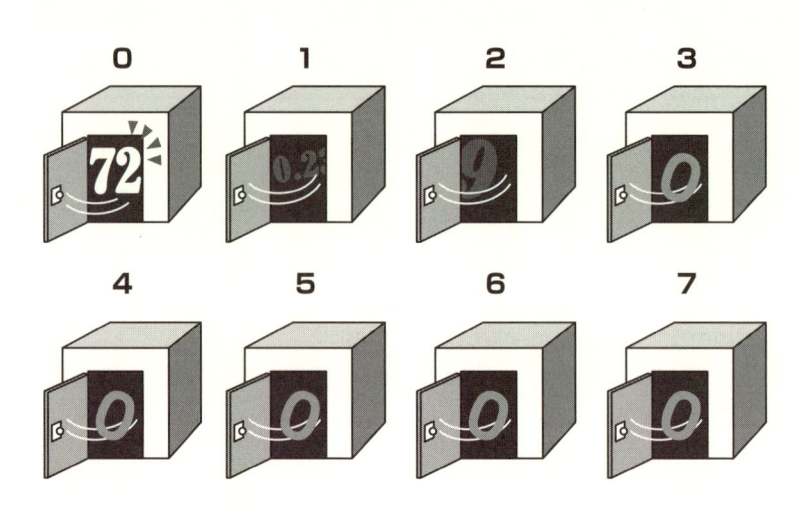

それでは具体的なやり方を１からご説明していきます。

■事前準備

部屋番号を探すための事前準備を行います。初めの１回だけ作業をすれば、次回からは不要になります。

１）パンローリングのサイトからダウンロードした「RoomSeeker.mq4」を、下記の場所に貼り付けます。

> マイコンピュータ→ Cドライブ→ Program Files → MetaTrader4 → experts のフォルダの中に配置（貼り付ける）

２）メタトレーダーを再起動し、「ナビゲーター」の「Expert Advisors」に「RoomSeeker」が導入されているのを確認してください。

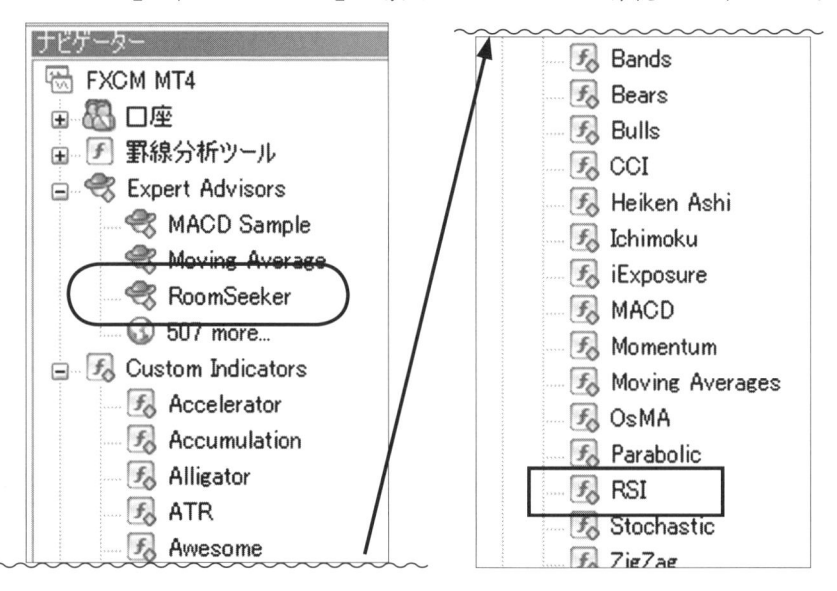

ここまでが事前準備になります。

さて、いよいよここからが本番です。準備はよろしいでしょうか。一緒に作業をお願いします。

■お部屋探し　部屋番号はバックテストで探す！

1)「テスターウインドウ」を表示し、セッティングをクリックします。

2)「テスター」の設定を行います。

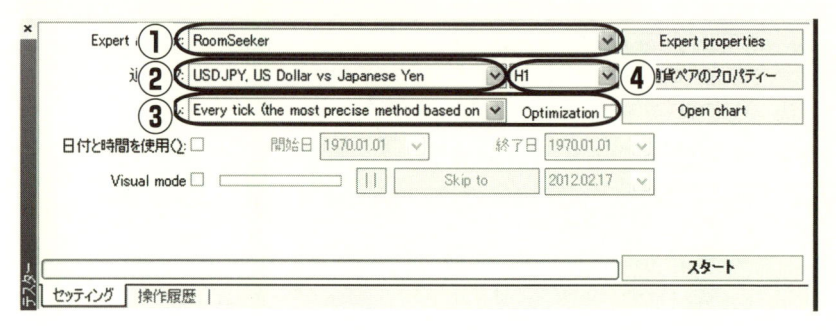

テスターの設定についての詳しい説明は後述しますので、ここでは次のように設定してください。

① 「**Expert Advisor**」
「RoomSeeker」を選択します。

②「通貨ペア」
「USDJPY」を選択します。

③「モデル」
「Every tick」を選択します。

④「期間」
1時間足を選択します。
※「日付と時間を使用」「Optimization」「Visual mode」のチェックボックスにチェックはいりません。

3)「Expert Properties」をクリックします。

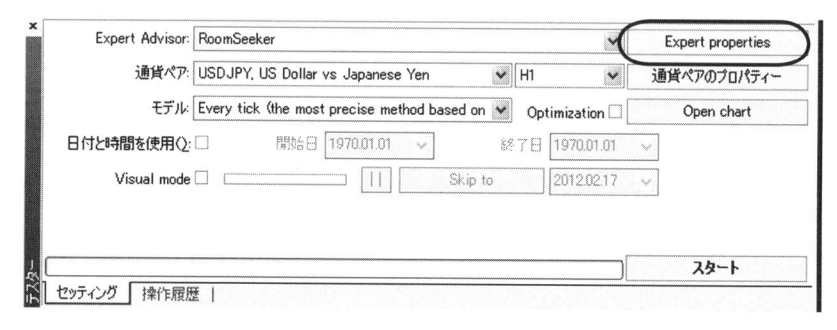

4)「パラメーターの入力」タブをクリックすると、「Indicator_Name」というパラメーターがあります（次ページ上段の図参照）。ここに部屋番号を探したいインディケータ名を入力します。

　インディケータ名は正確に入力しないといけません。251ページのナビゲーターに表示されている「Custom Indicators」の中に表示されているものとまったく同じ名称で記述する必要があります（251ページの画像の四角囲み参照）。お間違えのないようにご注意ください。

　ここでは「RSI」を例にとって解説します。Valueの欄に「RSI」と入力したら「OK」をクリックします。

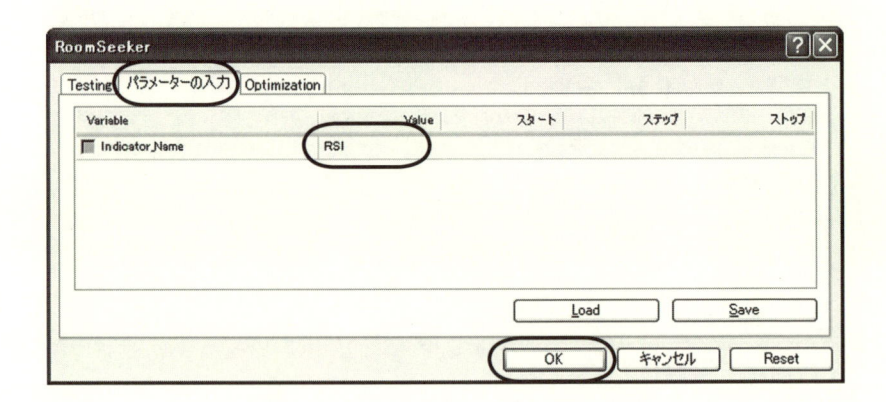

5)「スタート」ボタンをクリックします。

6) プログレスバーが右端までいくのを待ちます。

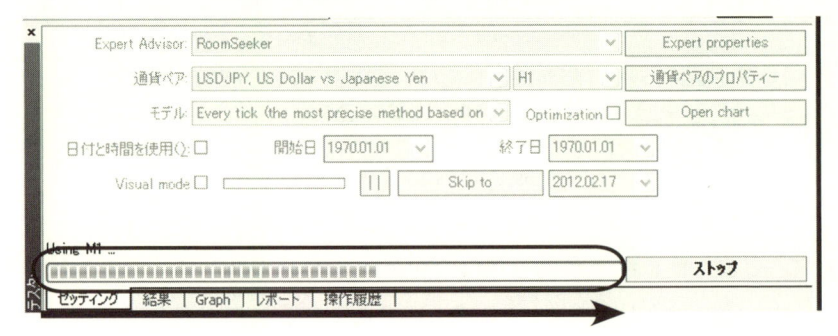

7）テスターの「操作履歴」をクリックすると、「部屋番号」「日付」「RSI の値」などが表示されます。

　ここではまだ表示の意味を理解する必要はありませんので、操作履歴の内容を見て、下図のようなそれらしい数字が表示されているかを確認する程度で結構です。

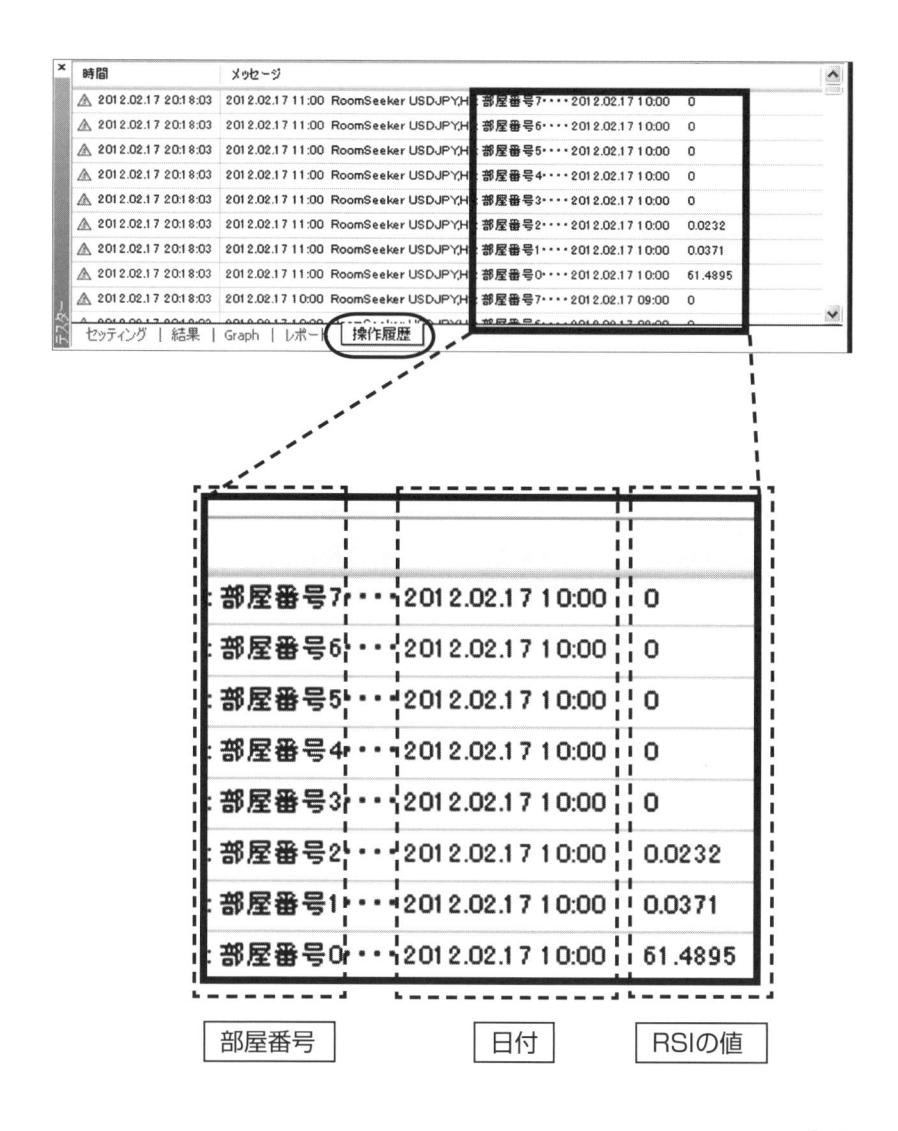

8）部屋番号を知りたいインディケータをドル円の1時間足チャートに表示させます。

　部屋番号を知りたいインディケータ（本書ではRSI）をドル円の1時間足チャートに適用します。必ずドル円の1時間チャートに適用してください。

　なぜドル円の1時間足かと言いますと、バックテストは230〜231ページで②で「USDJPY」、④で「H1」を選びましたので、ここでも同じ通貨ペアのドル円、および同じ時間軸の1時間足チャートに適用してもらいました。ここは関連性がありますので、ドル円の1時間足チャートに適用することを忘れないでください。いつもこの作業をするときには、ドル円の1時間足チャートに統一すると覚えてもらえればと思います。

インディケータを適用

9）データ・ウインドウに表示されている日時と同じ日時を「操作履歴」から見つけます。同じ日時であればいつでもかまいません。

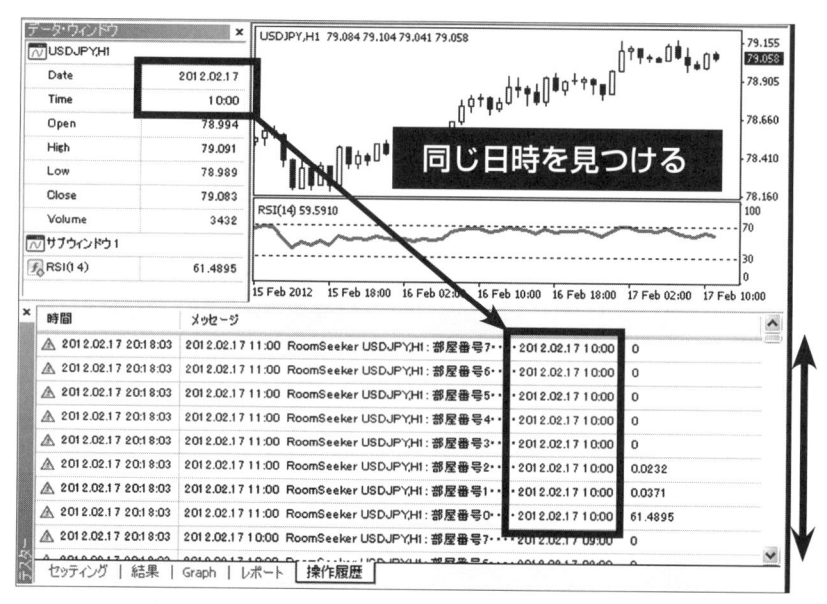

上下にスクロールして同じ日時を見つける

10) データ・ウインドウに表示されているインディケータの値（本書ではRSI）と同じ値を同じ日時の部屋番号0から7の中から見つけます。

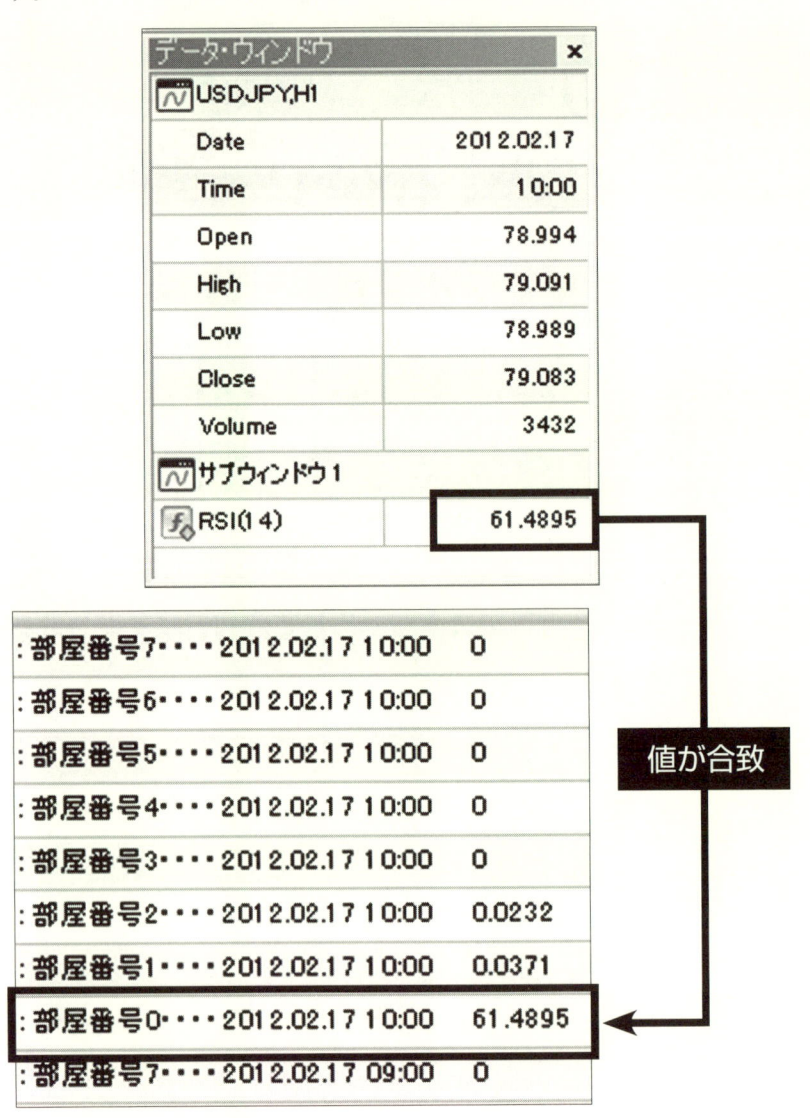

```
データ・ウインドウ                    ×
USDJPY,H1
Date            2012.02.17
Time              10:00
Open              78.994
High              79.091
Low               78.989
Close             79.083
Volume             3432
サブウィンドウ1
RSI(14)          61.4895
```

```
:部屋番号7・・・2012.02.17 10:00   0
:部屋番号6・・・2012.02.17 10:00   0
:部屋番号5・・・2012.02.17 10:00   0
:部屋番号4・・・2012.02.17 10:00   0
:部屋番号3・・・2012.02.17 10:00   0
:部屋番号2・・・2012.02.17 10:00   0.0232
:部屋番号1・・・2012.02.17 10:00   0.0371
:部屋番号0・・・2012.02.17 10:00   61.4895
:部屋番号7・・・2012.02.17 09:00   0
```

値が合致

RSIの部屋番号は0だと分かりました

ボリンジャーバンドでの例

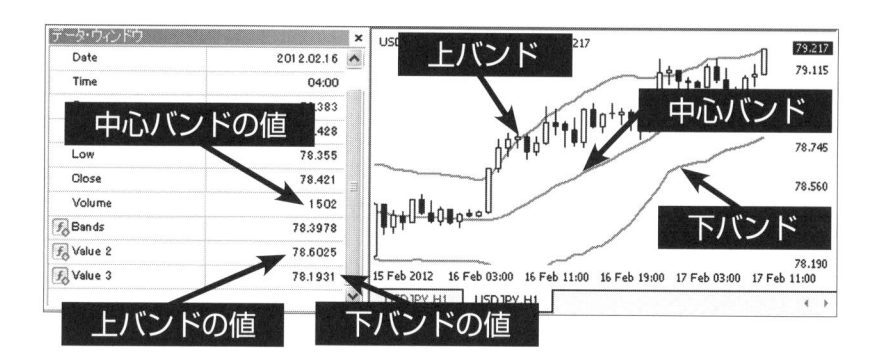

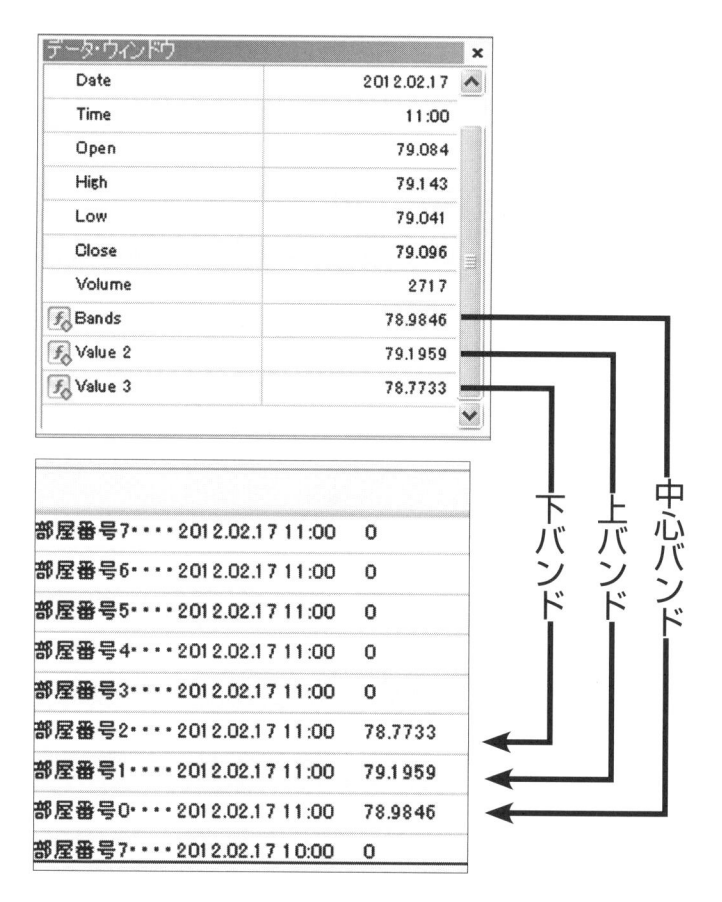

> 中心バンドの部屋番号は0だと分かりました
> 上バンドの部屋番号は1だと分かりました
> 下バンドの部屋番号は2だと分かりました

ステップ2 探し当てた部屋番号（ライン番号）でインディケータに変身

■RSIの場合

RSIの部屋番号は0だと分かりました。

iCustomの5番目の項目に0と記述します。

> iCustom(NULL,0,"RSI",12,0,1) <= 30

■ボリンジャーバンドの場合

中心バンドの部屋番号は0だと分かりました。

iCustomの5番目の項目に0と記述します。

> iCustom(NULL,0,"Bands",20,0,2,0,1) >=Close[1]

上バンドの部屋番号は1だと分かりました。

iCustomの5番目の項目に1と記述します。

> iCustom(NULL,0,"Bands",20,0,2,1,1) >=Close[1]

下バンドの部屋番号は 2 だと分かりました。
iCustom の 5 番目の項目に 2 と記述します。

> iCustom(NULL,0,"Bands",20,0,2,2,1) >=Close[1]

※ iCustom の変身はひとつずつしか変身できませんので、ご注意ください。

ステップ3

定型文にコピペする

```
// マジックナンバーの定義
#define MAGIC  4649

// パラメーターの設定 //
extern double Lots = 1;   // 取引ロット数
extern int Slip     = 10; // 許容スリッページ数
extern string Comments = ""; // コメント

// 変数の設定 //
int Ticket_L = 0; // 買い注文の結果をキャッチする変数
int Ticket_S = 0; // 売り注文の結果をキャッチする変数
int Exit_L   = 0; // 買いポジションの決済注文の結果をキャッチする変数
int Exit_S   = 0; // 売りポジションの決済注文の結果をキャッチする変数


int start()
 {

   // 買いポジションのエグジット
   if(  ■■■■
       && ( Ticket_L != 0 && Ticket_L != -1 ))
    {
      Exit_L = OrderClose(Ticket_L,Lots,Bid,Slip,Red);
      if( Exit_L ==1 ) {Ticket_L = 0;}
    }

   // 売り
   if(  □
       && (
    {
      Exit_S = OrderClose(Ticket_S,Lots,Ask,Slip,Blue);
      if( Exit_S ==1 ) {Ticket_S = 0;}
    }
```

> iCustom(NULL,0,"Bands",20,0,2,1,1) >=Close[1]
> を条件として使用するなら当該箇所にコピペ

> iCustom関数を使って原則どんなインディケータでもEA化！
> バックテスト・最適化・自動売買もできるアドバンテージをぜひ手に入れてほしいです。

　納得のいく戦略を作ることは時間がかかると思いますが、試行錯誤して、オリジナルのアイデアを足して皆様独自の戦略を作ってほしいのです。最後は戦略を信じられるか否かという、極めて当たり前なところに回帰していくはずです。

　戦略作りは、最速でいろいろできるiCustomからスタートして、徐々に世界を広げてもらえればよいと思います。

　私も「人と同じことをやっても勝てないかも」という感覚はいまでもあります。誰もが知っているインディケータだけでは物足りなくなり、いろいろ試している今日このごろです。

　ライン番号（部屋番号）の調べ方さえマスターしてしまえば、海外のサイトから日本にまだ上陸していない最新のインディケータだってダウンロードして、誰よりも早く使えてしまいます。

iCustom関数

↓

変身！

↓

ご自身でダウンロードした
インディケータをEA化
＋（足す）
オリジナルアイデア

↓

人マネではない
独自のストラテジーを構築

【システムにアイデアを足すとき便利な関数　早見表】

月を調べる場合は	Month( )
日付を調べる場合は	Day( )
曜日を調べる場合は	DayOfWeek( )
時間を調べる場合は	Hour( )
分を調べる場合は	Minute( )
始値を調べる場合は	iOpen( )
終値を調べる場合は	iClose( )
高値を調べる場合は	iHigh( )
安値を調べる場合は	iLow( )
出来高を調べる場合は	Volume[ ]

おわりに

　まずは前作である『iCustomで変幻自在のメタトレーダー』を多くの皆様に読んでいただきましたことを、この場をお借りして厚くお礼申し上げます。

　今回の第2作目は、「具体的な検証アイデアを紹介してほしい」というたくさんのご要望に応えるべく、チャレンジしました。

　具体的な検証アイデアを本でご提示するというのは、自分が想像していた以上にいろいろなことを考えさせられました。
　「プログラムやロジックが複雑すぎて、独りよがりなアイデアをご提示しても、読者の皆様にご理解を得られないのではないか」と考えたり、「具体的なアイデアでも、やはりそれなりに希望のある資産曲線でないと意味がないのではないか」と考えたり、「こういうことができますよとただ書くだけではバリューがないのではないか」と思ったり……。何度か逃亡することも考えました。

　そして悩みに悩んだ結果、私のやりたいことは、読者の方に「この本を読めば本当にできる」と思ってもらえるような本を書くことだと思い至りました。本書は、とにかく、このことを念頭において書き上げました。

　私なりのテーマとしては、まずシンプルな材料を提示して、そのシンプルな材料を皆様なりに調理してもらい、それらをベースにして、なにかしらのヒントを掴んでもらえるような本にすることです。
　そして、本書でもすでにお願いをさせていただきましたが、「すごいの」を見つけてしまった場合は、遠慮なさらずにご連絡を頂戴でき

ればと思っております。

　いつも打ち合わせに行くたびに食事をご馳走になるばかりか、第1作目に引き続き、再び2作目のチャンスをいただきましたパンローリング株式会社の後藤康徳社長に深く感謝申し上げます。

　また何度も長い打ち合せにお付き合いいただき、本書の構成から拙い文章を編集するところまで明確なアドバイスをしていただきました磯崎さん、高倉さんのおかげで、勇気を持って書き続けることができました。ありがとうございます。

　最後になりますが、貴重なお金と時間を使って本書をお読みいただきました皆様に、心から感謝申し上げます。ぜひ、すばらしい戦略を見つけちゃってください。

島崎トーソン

■著者プロフィール
ウエストビレッジインベストメント株式会社　島崎トーソン

メタトレーダーが日本に登場する27年前の1981年に、埼玉県で生まれる。大学在学中に世界を放浪したため、大学を8年で卒業。2011年よりWest Village Investment株式会社に入社。現在、独自のFXのシステムを開発し、"親友"であるMT4で自動売買を行い、トレード力を磨く。機関投資家へシステムをレンタルするまで成長する予定である。夢は旅人投資家。

■監修者プロフィール
ウエストビレッジインベストメント株式会社　西村貴郁

投資顧問会社 West Village Investment 株式会社代表取締役社長。米国トレードステーション証券公認資格イージーランゲージスペシャリスト。著書に『トレードステーション入門』、DVDに『InteractiveBrokers証券 攻略マニュアル』『見てさわってわかる！トレードシグナル入門』『Yes! Easy! 簡単プログラミングシリーズ【デイトレード編】【中級・応用編】【入門編】』(いずれもパンローリング) など多数。

West Village Investment 株式会社
http://www.wvi.jp/
info@wvi.jp

シストレラボ
http://www.wvi.jp/forum225/
forum@wvi.jp

2012年4月4日　初版第1刷発行

たすFX
──「脱・受け売り」のトレード戦略

著　者	ウエストビレッジインベストメント株式会社　島崎トーソン	
監修者	ウエストビレッジインベストメント株式会社　西村貴郁	
発行者	後藤康徳	
発行所	パンローリング株式会社	
	〒160-0023　東京都新宿区西新宿7-9-18-6F	
	TEL 03-5386-7391　FAX 03-5386-7393	
	http://www.panrolling.com/	
	E-mail　info@panrolling.com	
装　丁	パンローリング装丁室	
組　版	パンローリング制作室	
印刷・製本	株式会社シナノ	

ISBN978-4-7759-9114-5

落丁・乱丁本はお取り替えします。
また、本書の全部、または一部を複写・複製・転訳載、および磁気・光記録媒体に入力することなどは、著作権法上の例外を除き禁じられています。

本文　©West Village Investment Co.,Ltd. Toson Shimazaki 2012 Printed in Japan

【免責事項】
※本書およびサンプルプログラムに基づく行為の結果発生した障害、損失などについて著者および出版社は一切の責任を負いません。
※本書に記載されているURLなどは予告なく変更される場合があります。
※本書に記載されている会社名、製品名は、それぞれ各社の商標および登録商標です。
※MetaTrader 4 Client Terminal は、MetaQuotes Software Corp. 社の開発したソフトウェアです。
※Windows® は米国 Microsoft Corporation の米国およびその他の国における登録商標または商標です。

売買プログラムで広がるシステムトレードの可能性

FX メタトレーダー4 MQLプログラミング
堅牢なEA構築のための総合ガイド
著者：アンドリュー・R・ヤング

定価 本体 2,800 円+税　ISBN:9784775971581

成行、指値、逆指値注文の出し方から、トレイリングストップの追加設定、タイマー、メールによる警告、決済方法など、初級者から上級者まで役立つMQLのリファレンス。

iCustomで変幻自在のメタトレーダー
EAをコピペで作る方法
著者：島崎トーソン

定価 本体 2,800 円+税　ISBN:9784775991077

プログラミング経験がなくても、簡単に、無理なくEA（自動売買システム）作成！基本的な使い方から、インジケータをEA化するまで。エントリーとエグジットは特典DLで楽々クリア。

FX メタトレーダー実践プログラミング
著者：豊嶋久道
定価 本体 2,800 円+ 税　ISBN:9784775990902

「ただプログラムが分かる」レベルから「自分の思ったとおりのプログラムが作れる」までにレベルアップ！　MQLをマスターして、売買アイデアを100%具体化するための教科書。

1日3度のチャンスを狙い撃ちする 待つFX
著者：えつこ
定価 本体 2,000 円+ 税　ISBN:9784775991008

MT4で「ADXDMI」「BBand Width Ratio」の2つのインジケーターを見るシンプルな手法！何年も書き溜めたノートを分析し、導き出した「相場の勢い」を見極める方法とは。

1分足のレンジで勝負！行き過ぎを狙う FX 乖離トレード
著者：春香
定価 本体 2,000 円+ 税　ISBN:9784775991060

「GMA（GinaMA）」「EMA（指数平滑移動平均線）」の組み合わせと、そこから一定pips離れたところにラインを表示する「乖離ライナー」をMT4に取り込み、レンジ相場を攻略する！

DVD 知識ゼロから始める メタトレーダー4でプログラミングする 30分デイトレシステム
講師：西村貴郁
定価 本体 2,800 円+ 税　ISBN:9784775963333

5分足を使ってデイトレシステムを構築！曜日や時間帯別のプログラミングについても解説。紹介するプログラムをMT4に貼り付けるだけでバックテストから自動売買までできる。

DVD メタトレーダーとiCustom（アイカスタム） はじめの一歩
著者：西村貴郁
定価 本体 2,000 円+ 税　ISBN:9784775963616

コピペでiCustom関数をEAにする方法が動画で一目瞭然！記述する場所も検証方法もさらに分かりやすくなった。オリジナル自動売買システム「RSIマルチタイムフレーム」DL特典つき。

Audio Book
Pan Rolling オーディオブックシリーズ

ゾーン 相場心理学入門
マーク・ダグラス
パンローリング　約540分
DL版 3,000円（税込）
CD版 3,990円（税込）

売り上げ1位　書籍も発売中

「ゾーン」とは、恐怖もなく、悩みゼロ、淡々と直感的に行動し、反応すること！

超ロングセラー、相場心理書籍の王道「ゾーン」が遂にオーディオブックに登場！相場で勝つためにはそうすればいいのか！？本当の解決策が見つかります。

相場との向き合い方、考え方が変わる！
書籍版購入者にもオススメです！

バビロンの大富豪
「繁栄と富と幸福」はいかにして築かれるのか
ジョージ・S・クレイソン
パンローリング　約400分
DL版 2,200円（税込）
CD版 2,940円（税込）

売り上げ2位　不朽の名著！

不滅の名著！ 人生の指針と勇気を与えてくれる「黄金の知恵」と感動のストーリー！ 読了後のあなたは、すでに資産家への第一歩を踏み出し、幸福を共有するための知恵を確実に身につけていることだろう。

規律とトレーダー
マーク・ダグラス
パンローリング　約440分
DL版 3,000円（税込）
CD版 3,990円（税込）

売れてます

常識を捨てろ！ 手法や戦略よりも規律と心を磨け！ 相場の世界での一般常識は百害あって一利なし！ ロングセラー「ゾーン」の著者の名著がついにオーディオ化!!

その他の売れ筋　各書籍版も好評発売中!!

マーケットの魔術師
ジャック・D・シュワッガー
パンローリング　約1075分
各章 2,800円（税込）

──米トップトレーダーが語る成功の秘訣──
世界中から絶賛されたあの名著がオーディオブックで登場！

新マーケットの魔術師
ジャック・D・シュワッガー
パンローリング約1286分
DL版 10,500円（税込）
PW版 10,500円（税込）

ロングセラー「新マーケットの魔術師」（パンローリング刊）のオーディオブック!!

マーケットの魔術師 システムトレーダー編
アート・コリンズ
パンローリング約760分
DL版 5,000円（税込）
CD-R版 6,090円（税込）

市場に勝った男たちが明かすメカニカルトレーディングのすべて
14人の傑出したトレーダーたちのインタビューによって、読者のトレードが正しい方向に進む手助けになるだろう！

相場で負けたときに読む本 真理編・実践編
山口祐介　パンローリング
真理編 DL版 1,575円（税込）
　　　　　CD版 1,575円（税込）
実践編 DL版 1,575円（税込）
　　　　　CD版 2,940円（税込）

負けたトレーダーが破滅するのではない。負けたときの対応の悪いトレーダーが破滅するのだ。

私は株で200万ドル儲けた
ニコラス・ダーバス
パンローリング約306分
DL版 1,200円（税込）
CD-R版 2,415円（税込）

営業マンの「うまい話」で損をしたトレーダーが、自らの意思とスタイルを貫いて巨万の富を築くまで

孤高の相場師リバモア流投機術
ジェシー・ローリストン・リバモア
パンローリング約161分
DL版 1,500円（税込）
CD-R版 2,415円（税込）

アメリカ屈指の投資家ウィリアム・オニールの教本！ 稀代の相場師が自ら書き残した投機の聖典がついに明らかに！

Chart Gallery 4.0 for Windows

パンローリング相場アプリケーション
チャートギャラリー
Established Methods for Every Speculation

最強の投資環境

成績検証機能つき

●価格（税込）
チャートギャラリー 4.0
- エキスパート　147,000 円
- プロ　　　　　84,000 円
- スタンダード　29,400 円

お得なアップグレード版もあります

www.panrolling.com/pansoft/chtgal

チャートギャラリーの特色

1. **豊富な指標と柔軟な設定**
   指標をいくつでも重ね書き可能
2. **十分な過去データ**
   最長約30年分の日足データを用意
3. **日々のデータは無料配信**
   わずか3分以内で最新データに更新
4. **週足、月足、年足を表示**
   日足に加え長期売買に役立ちます
5. **銘柄群**
   注目銘柄を一覧表にでき、ボタン1つで切り替え
6. **安心のサポート体勢**
   電子メールのご質問に無料でお答え
7. **独自システム開発の支援**
   高速のデータベースを簡単に使えます

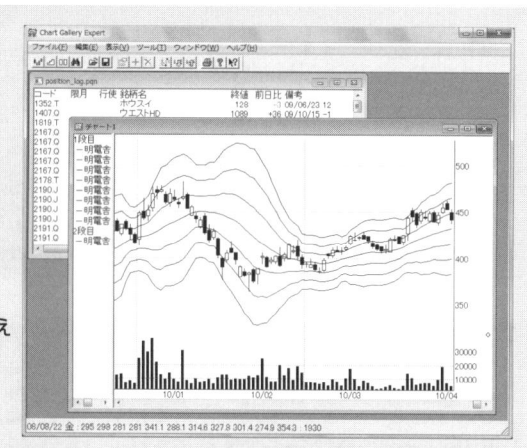

チャートギャラリー　エキスパート・プロの特色

1. 検索条件の成績検証機能 [エキスパート]
2. 強力な銘柄検索 (スクリーニング) 機能
3. 日経225先物、日経225オプション対応
4. 米国主要株式のデータの提供

検索条件の成績検証機能 [Expert]

指定した検索条件で売買した場合にどれくらいの利益が上がるか、全銘柄に対して成績を検証します。検索条件をそのまま検証できるので、よい売買法を思い付いたらその場でテスト、機能するものはそのまま毎日検索、というように作業にむだがありません。
表計算ソフトや面倒なプログラミングは不要です。マウスと数字キーだけであなただけの売買システムを作れます。利益額や合計だけでなく、最大引かされ幅や損益曲線なども表示するので、アイデアが長い間安定して使えそうかを見積もれます。

がんばる投資家の強い味方　Traders Shop

http://www.tradersshop.com/

24時間オープンの投資家専門店です。

パンローリングの通信販売サイト「トレーダーズショップ」は、個人投資家のためのお役立ちサイト。書籍やビデオ、道具、セミナーなど、投資に役立つものがなんでも揃うコンビニエンスストアです。

他店では、入手困難な商品が手に入ります!!

- ●投資セミナー
- ●一目均衡表 原書
- ●相場ソフトウェア
  チャートギャラリーなど多数
- ●相場予測レポート
  フォーキャストなど多数
- ●セミナーDVD
- ●オーディオブック

ここでしか入手できないモノがある。

さあ、成功のためにがんばる投資家は
いますぐアクセスしよう!

トレーダーズショップ 無料 メールマガジン

●無料メールマガジン登録画面

トレーダーズショップをご利用いただいた皆様に、**お得なプレゼント**、今後の**新刊情報**、著者の方々が書かれた**コラム**、**人気ランキング**、ソフトウェアのバージョンアップ情報、そのほか投資に関するちょっとした情報などを定期的にお届けしています。

まずはこちらの
「**無料メールマガジン**」
からご登録ください！
または info@tradersshop.com まで。

パンローリング株式会社　〒160-0023 東京都新宿区西新宿7-9-18-6F
Tel:03-5386-7391　Fax:03-5386-7393
お問い合わせは　http://www.panrolling.com/
E-Mail info@panrolling.com

携帯版